프랑켄슈타인과 철학 좀 하는 괴물

〈일러두기〉

● 이 책은 영국의 천재 여성 작가 메리 W. 셸리가 열아홉 살의 나이로 1818년에 발표한 공포 소설 『프랑켄슈타인』을 토대로 쓰여졌습니다. 원작의 줄거리를 유지하면서 '인간이란 무엇인가'라는 철학적 주제를 청소년 눈높이에 맞춰 전개하기 위해 원작에는 없는 플라톤을 주인공의 한 명으로 등장시켜 새로운 철학 소설을 완성했습니다.

괴물, 인간을 탐구하다

나무클래식 01

프랑켄슈타인과 철학 좀 하는 괴물

문명식 글
원혜진 그림

나무를 심는 사람들

제가 부탁했습니까? 창조주여,

흙으로 빚어 나를 인간으로 만들어 달라고?

제가 애원했습니까, 어둠에서 끌어 올려 달라고?

–존 밀턴, 『실낙원』

차 례

프롤로그

"느낌 말이오? 그러니까 처음 눈떴을 때 기분이 어땠느냐고?"

괴물이 눈을 크게 뜨며 플라톤 영감에게 되물었습니다.

순간 플라톤 영감은 자기도 모르게 움찔하고 말았습니다. 그렇게 흉측한 눈을 이렇게 가까이에서 마주 보는 건 처음이었거든요. 정말이지 엄청나게 큰 눈이었습니다. 게다가 누런 자위에 작고 까만 눈동자가 하나 떠 있는 것이 영락없이 악어 눈깔 같았습니다.

"그, 그렇지…… 눈을 떴을 때 뭐가 눈에 들어왔는지, 그게 무엇인지 알 수 있었는지, 또 그때 느낌은 어땠는지, 뭐 그런 게 좀 궁금하네."

괴물은 플라톤 영감의 눈을 잠시 뚫어지게 보다가 고개를 돌려 창밖을 내다보았습니다. 꽁꽁 얼어붙은 호수 건너편으로 조금 전에 넘어온 알프스의 산봉우리들이 보였습니다. 만년설로 뒤덮인 그 험한 산들은

이제는 푸근한 고향처럼 느껴졌습니다.

"그걸 물어보려고 날 여기로 데려온 거요?"

괴물이 다시 고개를 돌리고 짜증스럽게 물었습니다. 마치 뭐 이런 작자가 다 있느냐는 듯한 표정이었습니다.

"아니, 꼭 그건 아닌데…… 다만 나는 인간이고, 게다가 철학자잖아? 그러니 괴물의 눈에는……."

"뭐요, 괴물?"

"아, 시, 실례…… 그러니까 철학자이다 보니 괴물, 아니 뭐라고 해야 하나, 암튼 보통 인간과는 다른 자네에게는 이 세계가 처음에 어떻게 보였을지 궁금해서 말이야."

괴물은 픽 웃었습니다.

"하기야 철학자들은 그런 쓸데없는 데 관심이 많지."

"무슨 소리야! 철학은 그렇게 쓸데없는 게 아니라고!"

플라톤 영감은 버럭 화를 냈습니다. 얼마나 화가 났는지 긴 턱수염이 파르르 떨리고 벗겨진 이마가 다 벌게졌습니다.

"하하하! 그러게, 철학은 우주와 인간과 사회를 탐구하는 대단한 학

문이죠."

"알면 빈정거리지 말고 묻는 말에나 대답해 봐. 그건 자네가 여기까지 온 목적을 달성하는 데에도 큰 도움이 될 거라고."

"도움이라고? 그거하고 이게 무슨 상관이란 말이오?"

사실 괴물이 이 알프스 산중까지 오게 된 건 프랑켄슈타인이라는 사람을 찾기 위해서였습니다. 그리고 이 영감, 자칭 철학자라 떠벌리는 플라톤이 그걸 도와주겠다고 꾀어서 이 오두막까지 오게 된 것이고요.

"당연히 상관이 있지. 자네 눈과 귀와 코로 느끼는 세계가 어떤지 알아야 자네를 창조한 사람을 찾지."

"그게 대체 무슨 소리요?"

"이봐 괴물, 아니, 그러니까 뭐냐, 암튼 프랑켄슈타인이라는 사람은 자네를 만든 사람이라고 했지?"

"아까 말하지 않았소."

"그러니까 말이야, 생각해 보라고. 뭔가 창조하는 사람은 그걸 자기가 바라는 대로 창조하지 않겠어?"

"그런데요?"

"뭐가 그런데요야. 자네가 어떤 존재인가, 즉 어떻게 창조됐고 어떤 능력, 어떤 성향을 가졌나 따져 보면 자네를 만든 프랑켄슈타인이라는 사람이 어떤 사람인지 짐작할 수 있지 않겠느냐, 이 말이지."

플라톤 영감은 자기가 말하고도 속으로 꽤나 억지스러운 주장이라고 생각했습니다.

"그런 짐작만으로 그 사람을 찾을 수 있겠소?"

"그렇다니까 그러네."

"어떻게 찾는다는 거요?"

"이 사람이 왜 이리 자꾸 따지고 그러나. 쓸데없이 의심하지 말고 일단 믿어 보라고."

괴물은 기가 막혔습니다.

"이 영감이 장난하나."

"어허, 장난이라니. 나는 철학자라고, 철학자!"

"당신 정말 철학자 맞아? 세상에 따지지도 말고 그냥 믿으라고 하는 철학자가 어디 있는데?"

플라톤 영감은 겸연쩍은지 잠시 고개를 돌리고 헛기침을 했습니다.

"그건 그렇고, 이봐 괴물, 아니 저기…… 자네 이름은 뭔가?"

"그런 거 없소."

"그래? 그럼 이름 없는 괴물이로구먼."

"뭐요?"

괴물은 징그러운 눈을 부릅뜨고 플라톤 영감을 노려봤습니다. 괴물이란 소리가 어지간히 듣기 싫은 모양이었습니다.

"진정하시게. 인간의 눈으로 보면 자네는 어쨌든 괴물이잖아. 인간을 닮긴 했지만, 그렇지 않은 점 또한 워낙 분명하니 그냥 인정하고 넘기는 게 마음이 편해."

플라톤 영감의 말에 괴물의 표정은 약간 누그러졌습니다.

"하기야 인간들 입장에서는 내가 괴물이긴 하겠지. 인간 세상에 이런 생물이 있었을 리는 없을 테니."

"그러니까 어서 말해 보라고. 눈을 뜨니 뭐가 보이던가?"

괴물은 괴로운 표정을 지으며 가만히 고개를 떨구었습니다.

"최초의 순간을 떠올리는 건 너무나 고통스러운 일이오."

"아, 그런가? 그래도 프랑켄슈타인을 찾으려면……."

플라톤 영감의 목소리는 점점 교활해졌습니다. 괴물은 또 한 번 창밖을 내다보며 심란한 듯 한숨을 내쉬고는, 두껍고 푸르죽죽한 입술을 벌려 힘겹게 대답했습니다.

"불이었소. 사방이 온통 붉은빛이었고, 그 빛과 그림자가 눈앞에서 정신없이 너울거렸소."

이 세계는 불일까?

그것은 촛불이었습니다. 높은 천장과 사방의 벽에 달린 커다란 촛대에서 굵은 양초가 환하게 타고 있었습니다.

"음⋯⋯."

괴물은 눈을 뜨자마자 자기도 모르게 신음 소리를 냈습니다. 눈이 부신 데다 몹시 아팠거든요. 곧바로 다시 눈을 감았습니다. 그러자 신기하게도 모든 게 사라지고, 순식간에 온 세상이 깜깜해졌습니다.

"으악!"

괴물은 놀라서 또 비명을 질렀습니다. 그리고 벌떡 일어나 아픈 눈으로 사방을 둘러보았습니다. 모든 게 빛 속에서 흐릿했지만, 자꾸 눈을 감았다 떴다 하면서 애를 쓰니 조금씩 형체가 보였습니다.

그곳은 커다란 방이었습니다. 도르래가 달린 쇠사슬이며 커다란 물통, 갖가지 전기 장치 같은 것들이 눈에 들어왔습니다. 하지만 괴물은 그것들이 뭔지 하나도 알 수 없었습니다. 그냥 막연히, 아무 생각 없이 보기만 한 것이지요.

　아래를 보니 커다란 침대가 있고, 자기가 그 위에 앉아 있었습니다. 다시 사방을 둘러보았습니다. 이번에는 좀 더 많은 것들이 보였습니다. 한쪽 구석에 책상이 있고, 그 위에는 지구본과 책, 노트 같은 것들이 어지럽게 놓여 있었습니다. 침대도 또 하나 있었습니다. 침대보는 더러웠고, 온갖 옷가지들이 아무렇게나 걸쳐져 있어서 여간 흉하지 않았습니다.

　물론 괴물로서는 그런지 어떤지 알 턱이 없었지요. 그도 그럴 것이 모두가 난생처음 보는 것들이었거든요. 그리고 그건 당연한 일이었습니다. 한 번도 본 적이 없고 생각조차 해 본 적이 없는 물체나 풍경이라면 그게 제대로 된 것인지, 혹은 보기 좋은지 흉한지 어떻게 알 수 있을까요. 설사 보통의 인간이라고 해도 말이죠.

　"우어! 우어어어어!"

　괴물은 어찌할 바를 모른 채 다시 비명을 질렀습니다. 너무나 무서웠거든요. 자기가 있는 곳이 어디인지, 왜 자기가 거기에 있는지, 눈에 보이는 이것들이 무엇인지 전혀 알 수가 없었으니 그 또한 당연했고요.

　사실 괴물은 그 방에서 방금 만들어졌습니다. 사람과 짐승의 주검 조각들이 이리저리 기워지고 붙여져 새로운 생명으로 막 탄생한 것이었지요. 그래서 맨 처음에는 강한 빛 말고는 아무것도 보지 못했습니다. 두 눈이 아직 제구실을 못한 탓이었습니다.

괴물의 눈에 이 세상은 온통 빛이었습니다. 모든 게 불덩어리거나 불덩어리로 이루어진 것만 같았다고나 할까요. 너울거리는 빛 속에서 사물을 하나하나 구분하게 된 것은 꽤나 시간이 흐른 뒤였습니다. 그리고 좀 더 시간이 흐른 뒤에는 생각 같은 것도 할 수 있게 되었습니다.

'지저분하고 음침한 곳이로군.'

말하자면 뇌가 비로소 작동하기 시작한 것이지요. 그러고 보니 살갗의 감각도 느껴졌습니다.

'춥다, 추워.'

괴물은 자기도 모르게 팔로 몸을 휘감았습니다. 그리고 바싹 웅크린 채 덜덜 떨었습니다. 이가 부딪쳐 딱딱 소리를 낼 정도로. 그렇게 한참을 괴로워하다 문득 한 가지 사실을 깨달았습니다. 바로 몸을 팔로 감싸고 손으로 문지르면 덜 춥다는 것이었습니다.

'가만, 그렇다면……'

문득 생각이 미친 것은 맞은편 침대 위의 옷가지였습니다. 그걸 맨몸 위에 두르면 팔로 감싸고 있는 것처럼 따뜻할 것입니다. 괴물은 벌떡 일어났습니다. 그리고 성큼성큼 걸어가 옷가지를 몸통에 둘둘 말고서 그대로 침대 위에 누웠습니다. 그러고 나서 죽은 듯이 잠에 빠져들었습니다.

그렇게 얼마나 잤을까요? 괴물은 엄청나게 큰 소음에 놀라 잠에서 깼습니다.

우르르 쾅!

마치 천지를 찢어 버릴 것처럼 끔찍한 소리였습니다. 괴물은 머리를 감싸고 엎드린 채 괴로워했습니다. 귀가 아프기도 했고, 무엇보다 무서 웠거든요. 하지만 무정하게도 소리는 그칠 줄을 몰랐습니다.

쾅과과광!

두 손으로 귀를 막고 눈을 꼭 감아도 온 세상을 뒤흔드는 듯한 그 끔 찍한 느낌이 그대로 몸에 전해졌습니다.

"우워어어어!"

괴물은 몸서리를 치면서 또 한 번 비명을 질렀습니다. 그 상황을 도 저히 견딜 수가 없었거든요. 그 소리가 뭔지 도대체 왜 나는지 전혀 짐 작조차 할 수 없는 괴물로서는 너무나 당연한 반응이었습니다.

그나마 다행인 것은 자꾸 들으니 소리가 조금씩 익숙해진다는 것이 었습니다. 익숙해지면서 무서움도, 시끄러워서 성가신 것도 그만큼 줄 어들었습니다. 덕분에 마음이 조금 가라앉아 고개를 들 수도 있었고요.

용기를 내서 소리가 나는 쪽을 살펴보았습니다. 한쪽 벽에 제법 큰 유리창이 있었습니다. 무시무시한 소리는 반쯤 열린 그 창문으로 들어 왔습니다. 가만 보니 소리만 나는 게 아니었습니다. 소리가 날 때쯤에 는, 아니 좀 더 정확하게 말하면 소리가 나기 직전에는 어김없이 유리 창이 환하게 밝아졌습니다. 그러니까 번쩍하고 빛이 나고 잠시 뒤에 우 르르 쾅쾅 하는 소리가 터져 나오는 것이었습니다.

'도대체 저게 뭘까?'

이제는 두려움을 넘어 호기심이 생겼습니다. 괴물은 침대에서 내려와 조심스레 창가로 걸어갔습니다. 한 발 한 발 내디딜 때마다 가슴이 쾅쾅 울리는 듯했습니다.

마침내 창가에 이르렀을 때, 다시 빛이 번쩍했습니다. 그리고 여지없이 귀청을 찢는 듯한 소리가 울려 퍼졌습니다. 괴물은 본능적으로 귀를 막고 고개를 숙였지만, 이번에는 단지 그뿐이 아니었습니다. 유리창이 환하게 밝아지는 순간 새로운 것을 보았거든요. 그것은 또 하나의 충격이었습니다.

'아!'

넋을 잃은 채, 괴물은 창문을 반쯤 열고 밖을 내다보았습니다. 번쩍. 쾨과과광! 다시 한 번 천지가 진동했고, 그 틈에 수많은 지붕과 담장, 길 같은 것들이 모습을 드러냈습니다. 완전히 새로운 세상이었습니다. 자신이 서 있는 방, 이런저런 물건들이 지저분하게 널려 있는 이 좁은 공간 밖에는 훨씬 넓은 다른 공간이 있었던 것이지요.

괴물은 고개를 돌려 방 안을 둘러보았습니다. 아무도 보이지 않았습니다. 살아 움직이는 것이라고는 오직 자신밖에 없었습니다. 다시 공포가 밀려와 몸이 오싹해졌습니다. 그러고 보니 여태껏 알몸으로 서 있었습니다. 두르고 있던 옷가지는 바닥에 떨어진 지 오래였습니다.

문득 몸을 살펴보니 살갗이 거무죽죽하고 쭈글쭈글했습니다. 게다가 온통 꿰맨 자국이었고, 손바닥으로 쓰다듬어 보니 두툼한 실밥들이 만져졌습니다. 신기했습니다. 도대체 이건 뭘까요. 왜 이렇게 생긴 걸까요. 왜 이런 곳에 자기 혼자 서 있는 걸까요.

온몸이 덜덜 떨렸습니다. 창밖에서 쏴아 하는 소리가 들렸습니다. 열린 유리창에 물방울이 부딪쳐 방 안으로 튀었습니다. 괴물은 허리를 굽혀 옷 하나를 주웠습니다. 그리고 다시 몸에 두르려고 펼쳤습니다.

'가만……'

그때 문득 떠오르는 생각이 있었습니다.

'이건 생김새가 내 몸과 비슷하군. 그렇다면……'

괴물은 옷을 이리저리 살펴보다 길게 늘어진 소매에 팔을 집어넣어 보았습니다. 힘들게 두 팔을 모두 집어넣으니 근근이 옷이 몸을 덮었습니다. 다행히 그것은 크고 두꺼운 외투였습니다. 안 그랬으면 괴물의 큰 몸에 옷은 찢어지고 말았겠지요.

바지도 찾아 입었습니다. 작아서 거의 찢어질 것 같았지만, 용케 두 다리를 집어넣으니 한결 따뜻해졌습니다. 그건 정말 신기한 경험이었습니다. 어느 사이엔가 두려움도 사라지고, 무엇보다 뭔가 새로운 존재가 된 것처럼 느껴졌습니다.

번쩍. 우르르 쾅쾅!

또다시 천둥 번개가 쳤습니다. 창밖으로 바깥세상이 다시 한 번 환하게 드러났다 사라졌습니다. 세찬 바람에 유리창이 덜컹거리고, 방 안의 촛불은 어지럽게 흔들렸습니다.

이제 아무 생각도 들지 않았습니다. 더 이상 졸리지도 않고, 춥지도 않았습니다. 그래서 한동안 창가에 서서 멍하니 컴컴한 바깥세상을 내다보았습니다. 그러다 어느 순간 갑자기 걸음을 옮겼습니다. 그렇게 간 곳은 한쪽 구석에 있는 책상이었습니다.

책상 위에는 두꺼운 책이 잔뜩 쌓여 있었고, 그 옆에는 빵 한 조각과 우유 한 컵이 있었습니다. 괴물은 빵을 집어 허겁지겁 먹었습니다. 그리고 벌컥벌컥 우유를 마셨습니다. 처음 보는 빵과 우유를 손쉽게 찾아 먹을 만큼 몹시 배가 고팠던 모양입니다.

하지만 빵 한 조각과 우유 한 컵은 괴물의 허기를 채우기에는 너무 부족했습니다. 괴물은 방 구석구석을 뒤지며 먹을 것을 찾았습니다. 하지만 어디에서도 음식은 나오지 않았습니다.

"으아아아!"

절망스런 비명이 방 안 가득 울려 퍼졌습니다. 괴물은 화가 난 듯 성큼성큼 걸어 다시 창가로 갔습니다. 밖에는 여전히 비가 세차게 쏟아지고 있었습니다. 번쩍! 깜깜한 하늘에서 칼날 같은 빛줄기가 춤을 추었습니다. 곧이어 천둥이 쳤습니다.

창문을 활짝 열었습니다. 그러자 방 안으로 비바람이 거침없이 몰려들어왔습니다. 또 한 번 번개가 내리치는 순간, 괴물은 창턱을 밟고 밖으로 휙 몸을 던졌습니다. 활짝 열린 유리창이 비바람에 요동을 쳤습니다. 괴물이 사라진 방 안에는 몇 개 안 남은 촛불이 애처롭게 춤을 추고 있었습니다.

아르케 따위는 뭐하러 찾을까?

"세계가 불덩어리 같았다고? 오호, 재미있는 얘기로구먼. 자네 혹시 헤라클레이토스라고 아나?"

플라톤 영감은 히죽 웃었습니다.

"헤라클레스? 그 유명한 천하장사를 모를 리가 있소?"

"아니, 아니, 헤라클레스가 아니고 헤라클레이토스."

"그게 누구요?"

"내 철학자 선배야. 고대 그리스 사람이고 나보다 한 백 년쯤 먼저 태어나셨지."

"이 영감이 지금 누굴 놀리나……."

괴물은 기가 막힌다는 표정으로 플라톤 영감을 노려보았습니다.

"당신이 고대 그리스 철학자보다 겨우 백 년 늦게 태어났다는 게 말이 된다고 생각하쇼?"

하지만 플라톤 영감은 눈 하나 깜짝 안 했습니다.

이 세상은 무엇으로 이루어졌을까?

난 고대 그리스의 위대한 철학자! 플라톤이라오~

"왜 말이 안 된다고 생각하지? 나도 비슷한 시대에 살았던 철학자인데."

"뭐요?"

당황한 건 오히려 괴물이었습니다. 여기까지 오는 동안 온갖 사람들을 만나 봤는데, 이렇게 능청스런 인간은 처음이었거든요.

"뭐 믿건 말건 상관없고, 어쨌든 내 선배인 헤라클레이토스라는 철학자가 그랬어. 이 세계가 불에서 비롯되었고 불로 이루어졌다고."

"그래서 그게 어쨌다는 거요?"

"아, 이 사람 참. 자네가 처음 본 세상이 온통 불빛이었다고 해서 하는 말이잖아."

"그때야 내 감각이 완전치 않은 데다 방 안을 촛불이 환하게 밝히고 있었으니 그런 거 아니겠소. 게다가 밖에선 번개까지 쳤고."

"그건 그렇지."

아르케?
그게 뭔데 찾는 거요?

"그럼 헤라클레이토스인가 뭔가 하는 사람도 비슷한 경험을 한 모양이로군."

"글쎄…… 그렇지는 않을 것 같고."

플라톤 영감은 한 손으로 턱수염을 천천히 쓰다듬었습니다. 그러면서 흐리멍덩한 눈을 연신 껌뻑였습니다.

"그때 철학자들은 아르케라는 걸 찾고 있었지. 그게 큰 유행이었다고나 할까."

"아르케? 그게 뭐요? 먹는 거요?"

"하하하."

"그렇게 웃는 걸 보니 먹는 건 아닌 모양이군."

"그야 당연하지. 아르케란 원질이라고도 하는데, 쉽게 말하면 세상의 모든 것이 시작된 근본 물질이라고 할 수 있지. 우주의 모든 것을 이루는 가장 기본적인 바탕이라고 할 수도 있고."

이 정도 설명은
알아듣겠지?

아르케?
아르케야말로 세상의 본질을
알 수 있는 열쇠라고나 할까?

플라톤 영감의 말에 괴물이 픽 웃었습니다.

"도대체 그런 걸 알아서 뭐하려고 했답디까?"

"우리를 둘러싼 세계의 정체를 알려고 한 거지."

"그러니까 왜 세계의 정체 따위를 알려고 했느냐 말이오."

"이봐, 자네가 처음 눈을 떴을 때를 한번 생각해 봐. 눈을 뜨니까 느닷없이 처음 보는 세계가 나타났어. 아니, 애초에 자네한테는 세계고 뭐고 아무것도 없었지?"

플라톤 영감은 마치 학생을 가르치는 선생님처럼 조곤조곤 따지고 물었습니다.

"그런데 보라고. 아무것도, 심지어 자네 자신조차도 없었는데, 어느 순간 어느 집 방 안에 자네가 누워 있게 되었어. 그리고 눈앞에 뭐가 뭔지 알 수 없는 것들이 가득했지. 그때 자네는 무서워서 비명을 질렀다고 했던가?"

저 영감탱이가 미쳤나?

그럼 내가 지금까지 보고 들은 게 죄다 거짓이란 거요?

"음…… 그러긴 했소."

괴물은 새삼 그때의 공포감을 떠올리고 살짝 진저리를 쳤습니다.

"사람이라면 누구나 그렇겠지. 낯선 세상 속에서 무서워 벌벌 떨다가 나중에는 그 세상에 호기심을 느끼게 되지."

분명 그랬습니다. 온통 낯선 것투성이인 방 안에서 엄청난 두려움에 시달렸으니까요. 그러다가 하나하나 정체를 알아 가면서 나중에는 겁없이 바깥세상으로 뛰쳐나갔고요. 괴물은 자기도 모르게 플라톤 영감의 철학 얘기에 빠져들고 있었습니다.

"그리스 철학자들이 아르케를 찾은 건 바로 그래서야."

플라톤 영감은 이제 의기양양해 보였습니다.

"그 사람들은 멋모르고 두려워하거나 신을 만들어 상상하려 하지 않았어. 대신 이성을 통해 이 세계를 설명하려 한 거지. 바로 최초의 철학이 나타난 순간이었다고나 할까."

왜 화를 내고 그러나?
자넨 자네의 감각을 백 퍼센트 믿나?

"하지만 세계를 보이는 그대로 알면 되지 왜 힘들게 근본까지 따지고 난리란 말이오?"

"이봐 괴물, 그러니까 철학자고 철학이지. 생각해 봐. 세계를 보이는 대로 들리는 대로 아는 건 모두가 일상적으로 하는 거야. 하지만 그렇다고 모두가 세계의 참모습을 알지는 못하지."

"세계의 참모습? 눈에 보이고 귀에 들리는 건 참모습이 아니라는 거요? 그렇다면 지금까지 내가 본 것들은 죄다 거짓이라는 거요?"

괴물은 화라도 난 듯 목소리가 점점 커졌습니다.

"진정하게."

플라톤 영감이 싱긋 웃으면서 괴물을 달랬습니다.

"죄다 거짓일 리가 있나. 다만 참이 아닐 수 있다는 거지."

"그게 뭔 소리요? 거짓이 아닌데도 참이 아닐 수 있다니?"

괴물은 어이가 없다는 표정이었습니다.

흐흐,
이래도 자네가 본 것이 옳다고 믿나?

"자네 혹시 코페르니쿠스라고 아나?"

"천문학자 아니오? 왜 그 지동설인가를 주장한……."

"오, 생각보다 유식하군."

괴물은 말을 멈추고 잠시 플라톤 영감을 빤히 쳐다보았습니다.

"허허, 알았네, 알았어."

플라톤 영감은 어색하게 웃으며 턱수염을 쓸어내렸습니다.

"에 아무튼, 그 코페르니쿠스가 태양이 지구 둘레를 도는 게 아니라 지구가 태양 둘레를 돈다고 말했지. 그런데 이 말이 사실일까?"

"그걸 말이라고 하슈? 그런 걸 의심하는 사람이 어디 있소?"

"그런데 우리 눈으로 보면 움직이는 건 해가 아닌가? 아침에 동쪽에서 떠서 저녁이면 서쪽으로 떨어지잖아. 안 그런가?"

"그건 그냥 우리 눈에 그렇게 보이는 거잖소."

"어쨌든 눈으로 봤을 때 해가 움직이는 게 사실이잖아?"

걱정 마! 진실은 언젠가 꼭 밝혀질 거야!

정말 억울해!

아니 그러니까…
그게 아니라… 내 말은…

"그…… 런가?"

괴물은 난감하다는 표정을 지었습니다.

"그렇지. 눈으로 보면 이 땅덩어리는 전혀 움직이지 않고 둥글지도
않아. 어디까지나 그게 사실이지. 그래서 아직도 그렇게 믿는 사람들이
아주 많고."

"흠……."

"하지만 그렇다고 그게 또 진실일까? 과학적인 방법으로 탐구해 보
면 실제로 지구는 태양 둘레를 도는 작고 둥근 행성일 뿐이거든. 그뿐
인가, 대리석 표면을 만져 보면 아주 매끄럽지? 흠 하나 없는 것 같고.
하지만 그걸 현미경으로 들여다보면 놀랄 만큼 거칠잖아? 그런 예는
아주 많아."

"요컨대 사람의 감각을 통해 아는 건 참된 지식이 아니라는 얘기요?"

"그럴 가능성이 크다는 거지. 고대 그리스의 철학자들도 바로 그걸

감각을 통해 본 세계는
진짜가 아닐 수 있다고…?

깨달은 거야. 우리 감각은 정확한 게 아니다, 따라서 감각을 통해 파악
한 세계의 모습도 진짜는 아니다, 뭐 이런 걸 말이지. 그래서 우리가 늘
보고 듣고 느끼고 하는 것들 뒤에는 더 참된 것, 근본적인 것이 있을 것
이라고 생각한 거고. 그들은 그게 사물의 진짜 모습이고, 세계를 이루
는 것, 그리고 세계가 비롯된 것이라고 생각했어."

괴물은 잠시 생각에 잠겼습니다. 그러더니 문득 두 손을 펼쳐서 한참
살펴보았습니다. 그리고 손으로 살갗을 쓰다듬고, 눈이며 코, 귀 따위를
어루만졌습니다.

"깨어나서 촛불을 보았다고 했나? 번개도 봤다고? 그래서 세상이 온
통 불덩어리 같다고 했는데, 자네의 그 판단은 참된 것일까?"

"그럴 것 같지는 않군."

"그렇지. 하지만 헤라클레이토스는 그것이 결국 참이라고 생각했어.
그 사람은 불이 아르케라고 생각한 거야. 탈레스는 물이라고 했고, 탈

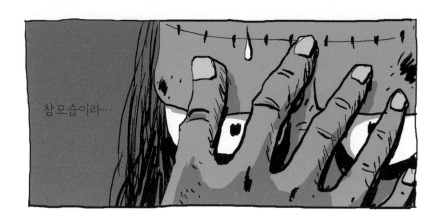

참모습이라…

레스라는 철학자 알지?"

"이름은 들어 봤소."

"뭐 철학의 아버지니, 최초의 철학자니 하는데, 내가 볼 땐 그래 봤자 페니키아 출신 장사꾼이야. 아무튼 그 사람은 아르케가 물이라고 했지."

"물이라고? 왜 하필 물을."

"뭐 배 타고 바다를 쏘다니면서 장사나 하던 사람이니까 그랬겠지."

"하하하!"

괴물은 고개를 젖히고 웃어 댔습니다.

"농담이 아니라 정말 그랬을 거야. 하고 많은 날 그 큰 바다를 보면 나라도 그런 생각이 들 거 같거든."

"그럴 수 있겠군. 하지만 바다를 많이 안 본 철학자들은 그렇게 생각 안 했을 거 아뇨."

"물론 그렇지. 가령 피타고라스 같은 사람은, 아 피타고라스 알지? 거

거찮아서 설명 안 하려고 했는데…

많은 철학자들이
아르케를 찾으려 했다네!

뭐냐 피타고라스의 정리로 유명한 사람 말이야.”

 “공부 좀 한 사람치고 피타고라스의 정리를 모르는 사람도 있소?”

 “그렇겠지. 하지만 피타고라스가 철학자이기도 했다는 건 자네도 몰
랐을걸?”

 “그건 처음 듣는 얘기긴 하네.”

 “아무튼, 피타고라스는 수가 아르케라고 봤어.”

 “뭐요, 수? 일, 이, 삼, 사 하는 수 말이오?”

 괴물은 눈이 똥그래졌습니다.

 “그렇지, 바로 그 수. 물론 이때 피타고라스가 말하는 건 물질이 아니
라 원리나 법칙으로서의 아르케라고 할 수 있지. 그러니까 이 세계, 나
아가 우주는 수의 법칙으로 이루어졌다는 것이지. 뭐 수학에 미치고 종
교에 미친 사람이니 그딴 소리를 한 거겠지만.”

 플라톤 영감은 자기도 우습다는 듯 킥킥댔습니다.

"그 밖에도 아르케를 찾았다고 떠들어 댄 철학자들이 많지. 아낙시만드로스, 아낙시메네스, 엠페도클레스, 데모크리토스, 아낙사고라스……."

"아, 그만! 더 알고 싶지 않소."

괴물은 손을 가로저어 플라톤 영감의 말을 막았습니다.

"아르케인지 나발인지는 이제 됐고."

"그러니까 자네가 괴물 취급을 받는 거라고."

"뭐라고? 이 영감탱이가……."

"이봐, 사람이라면 이런 철학적인 질문을 던질 수밖에 없어. 그걸 반드시 해결해야 하고. 그렇지 않으면 인간으로서 살 수가 없거든."

"그게 무슨 개소리야?"

말투와 함께 괴물의 표정도 점점 험악해졌습니다. 하지만 플라톤 영감은 전혀 기가 죽지 않았습니다.

각자, 갈 길이
멀구면 멀어…

자신의 존재가 무엇인지
궁금하지 않나?
자넨, 괴물일까? 인간일까?

"개소리가 아니야. 이 세계는 무엇이고 자신은 어떤 존재인지 고민하지 않는 존재를 인간이라고 할 수는 없어. 애초에 그런 고민을 하지 않았으면 지금의 인류는 없었을 거야."

플라톤 영감은 진지한 표정으로 또박또박 말을 이어 갔습니다.

"그래서 하는 말인데, 자네 내 제자 될 생각 없나?"

"개소리 좀 그만하라니까!"

"개소리가 아니야. 자네에게 급한 건 철학 공부야. 프랑켄슈타인 따위는 나중에 찾으라고."

괴물은 벌떡 일어나 플라톤 영감의 멱살을 잡았습니다.

"이 영감이 나한테 거짓말을 했구먼. 당신 도대체 나를 왜 여기로 데려온 거야?"

하지만 플라톤 영감은 태연하기 짝이 없었습니다.

"그거야 당연히 프랑켄슈타인을 찾는 걸 도와주려고 그런 거지. 내 제

내 존재라고?
내 존재가 무엇인지
궁금하지 않냐고?

자가 되어 철학을 공부해 보면 내 말이 다 맞는다는 걸 알게 될 걸세."

"이런 사기꾼 영감탱이 같으니라고……."

분노한 괴물의 눈가가 부르르 떨렸습니다. 괴물은 당장 플라톤 영감을 죽이기라도 할 기세였습니다.

"이봐, 자네는 괴물인가, 인간인가? 궁금하지 않나? 자네의 괴로움은 그걸 알 수 없기 때문이 아닐까?"

괴물은 한동안 아무 말 없이 플라톤 영감을 노려보았습니다. 그러고는 슬며시 멱살을 풀어 주고 창밖으로 휙 뛰어나갔습니다. 괴물의 모습은 얼어붙은 호수를 가로질러 험한 알프스의 산비탈 쪽으로 사라졌습니다.

나는 괴물인가, 인간인가?

그날, 그러니까 처음 바깥세상으로 뛰쳐나간 날 밤, 괴물은 쏟아지는 비를 맞으며 거리를 쏘다녔습니다. 한밤중에 세찬 비까지 내리고 있어서 사람은커녕 강아지 한 마리 안 보였습니다. 얼마나 걸었을까요? 배고픔은 점점 심해졌습니다. 게다가 뼛속까지 파고드는 듯한 한기로 온몸이 얼어붙다시피 했습니다.

'으으…… 왜 이리 추울까…… 옷도 입었는데…….'

옷이 비에 다 젖어서 오히려 더 춥다는 사실을 괴물은 아직 알지 못했습니다. 하지만 본능적으로 일단 비는 피해야겠다는 생각은 들었습니다. 고개를 좌우로 돌리며 적당한 장소를 찾는 괴물의 눈에 작은 굴다리가 눈에 띄었습니다. 괴물은 그쪽으로 달려갔습니다.

그곳은 두 건물을 잇는 아치형 다리 밑의 공간이었습니다. 이미 대여섯 명의 사람들이 쪼그려 앉아 있었고, 한구석에서는 장작불이 타오르고 있었습니다. 어두운 가운데 멀리서도 눈에 띈 건 바로 그 때문이었습니다.

"우워워워!"

그 밝음과 훈훈한 기운에 괴물은 자기도 모르게 소리를 지르며 불가로 다가갔습니다. 그러자 불을 쬐던 사람들이 일제히 비명을 질렀습니다. 그러고는 혼비백산하여 도망쳐 버렸습니다. 그 와중에 어떤 사람은 불붙은 나뭇가지를 괴물에게 던지기도 했고요.

괴물은 그저 멍하니 서 있기만 했습니다. 사실 무서운 건 괴물이 더 했습니다. 환하고 따뜻해서 달려갔을 뿐인데 그런 봉변을 당했으니까요. 하지만 키가 이 미터 오십 센티미터나 되는 괴물이 괴성을 지르며 달려드는데 안 도망치고 배길 사람은 없을 겁니다.

어쨌든 불가에 있으니 따뜻해서 좋았습니다. 게다가 도망간 사람들이 남기고 간 음식도 있었고요. 허겁지겁 집어 먹고 나니 그제야 허기가 좀 가셨습니다.

"으어어어어……."

기분이 좋아서 절로 소리가 나왔습니다. 물론 그건 사람들이 들으면 짐승이 울부짖는 소리로밖에 안 들렸겠지만요.

아직 괴물은 사람의 말을 몰랐습니다. 하지만 사람과 비슷한 방식으로 생각은 할 수 있었습니다. 어쨌든 괴물의 뇌도 사람의 것이었으니까 당연한 일이었지요.

그렇게 편안해져서 한참 동안 앉아 있었습니다. 땔나무가 충분해서 장작불은 꽤나 오랫동안 활활 타올랐습니다. 그러는 동안 괴물은 몇 가지 사실을 새로 깨달았습니다. 불은 몸을 따뜻하게 해 준다는 것, 젖은 옷을 말려 준다는 것, 불이 타면서 나무는 까맣게 타 버린다는 것, 그리고 너무 가까이 가면 오히려 고통스럽다는 것 따위였습니다.

아직도 사방은 깜깜하고 비는 그칠 줄을 몰랐습니다. 괴물은 앉은 채로 꾸벅꾸벅 졸기 시작했습니다. 몸이 따뜻해지자 피로가 한꺼번에 몰려오면서 눈꺼풀이 무거워진 것입니다. 잠시 후, 괴물은 아예 땅바닥에 몸을 뉘었습니다. 그리고 잠에 빠져들었습니다.

"억!"

하지만 그것도 잠시, 괴물은 외마디 비명을 지르고 벌떡 일어났습니다. 이마가 몹시 아파 손으로 문질러 보니 피가 묻어 있었습니다.

무슨 일인가 싶어 주위를 살피려는데 눈앞으로 돌멩이 하나가 휙 지나갔습니다. 돌멩이가 날아온 쪽을 보니 수많은 사람들이 몽둥이며 칼 따위를 들고 몰려오고 있었습니다.

"저놈이다!"

"괴물 잡아라!"

"죽여 버려!"

돌멩이와 몽둥이가 빗발치듯 날아왔습니다.

'도대체 사람들이 왜 저러지?'

괴물은 어찌할 바를 몰랐습니다. 도대체 그 상황을 이해할 수 없었습니다. 그러는 사이 돌 하나가 또 머리를 스치고 갔습니다.

"우웨웨액!"

괴물은 벌떡 일어나 도망쳤습니다. 세찬 빗줄기를 뚫고 정신없이 달렸습니다. 그리고 어느 때쯤인가 도시를 벗어나 아무도 없는 곳에 도착했습니다. 더 이상 고함도 들리지 않고, 돌멩이도 날아오지 않았습니다. 괴물은 땅바닥에 철퍼덕 주저앉아 거친 숨을 내쉬었습니다. 빗물과 땀방울과 피가 뒤섞여 얼굴을 타고 뚝뚝 떨어졌습니다. 괴물은 얼굴을 감싸고 엎드려 비명을 질렀습니다.

"우워어어어!"

소름 끼치도록 크고 고통스러운 비명이 깜깜한 밤하늘에 밤새 울려 퍼졌습니다.

어느덧 날이 밝았습니다. 괴물은 시끄럽게 짹짹거리는 소리에 눈을 떴습니다. 무성한 나뭇잎 사이로 햇빛이 쏟아져 들어오고 있었습니다.

"으으……."

몹시 눈이 부시고 아팠습니다. 맨 처음 눈을 떴을 때보다는 덜했지만 말이죠. 새파란 하늘에 커다랗고 둥근 빛 덩어리가 떠 있었습니다. 괴물은 그대로 누운 채 한동안 그 빛 덩어리를 바라보았습니다. 또다시 맞는 새로운 세상이었습니다.

이제 더는 춥지 않았습니다. 배도 그다지 고프지 않았고요. 다만 돌멩이에 맞은 이마가 아직도 욱신거렸습니다.

"으으……."

고통에 얼굴을 찡그리며 힘겹게 몸을 일으켰습니다. 그리고 주위를 둘러보았습니다.

사방이 나무였습니다. 아름드리나무가 빽빽이 서 있는 숲 속에 앉아 있었던 겁니다. 커다란 나무 아래 낙엽이 두껍게 깔린 자리여서 비도 안 맞았던 모양입니다. 옷은 아직도 축축하긴 했지만 그럭저럭 말라 있었습니다.

하지만 이제 무엇을 해야 할까요? 괴물은 정말 어찌해야 할지 알 수 없었습니다. 그래서 푹신푹신한 낙엽 위에 다시 누운 채 멍하니 하늘을 올려다봤습니다.

그렇게 한동안 불타는 태양과 그 주위의 구름과 푸른 하늘을 가르고 날아가는 새들을 지켜보았습니다. 그러다 어느 때부터인지 괴물은 스스로에게 질문을 하기 시작했습니다.

'여기는 어디인가, 나는 또 누구인가?'

'내 눈에 보이는 저것들은 또 무엇인가?'

'어젯밤 그 사람들은 왜 나한테 돌을 던졌을까? 왜 날 보자마자 도망을 쳤을까?'

정말이지 알 수가 없었습니다. 불과 하루 전만 해도 아무것도 없었고, 아무 일도 일어나지 않았습니다. 아니, 심지어 이렇게 놀라고 의아해하는 괴물 자신조차도 없었지요. 그런데 어느 순간 이 모든 게 눈앞에 번쩍 나타나고 펼쳐졌습니다. 도대체 이런 조화가 어떻게 일어날 수 있을까요?

괴물은 하루 종일 꼼짝 않고 누워 있었습니다. 잠이 오면 자고 잠이 깨면 생각에 잠겼습니다. 그러다 보니 어느덧 해가 넘어가고 날이 저물기 시작했습니다. 그리고 다시 밤이 찾아왔습니다.

어둠이 무섭지는 않았습니다. 어젯밤 이미 경험했으니까요. 하지만 또 배가 몹시 고팠습니다. 하루가 다 가도록 아무것도 못 먹었으니 당연한 일이었지요. 아무래도 다시 도시로 가야 할 것 같았습니다. 초겨울의 춥고 어두운 숲에서 괴물이 먹을 것을 구할 도리는 없었습니다.

어제와 달리 도시는 시끌벅적했습니다. 그도 그럴 것이 아직 초저녁인 데다 비도 내리지 않았거든요. 거리에는 가스등이 환하게 켜졌고, 그 아래로 수많은 사람들이 오고 갔습니다.

"우워어……."

그 광경이 너무나 반가워 괴물은 자기도 모르게 소리를 질렀습니다. 그러고는 사람들 속으로 뛰어 들어갔습니다. 지난밤 사람들에게 수난을 당한 건 까마득히 잊기라도 한 것처럼 말이죠. 하지만 괴물을 맞아준 건 사람들의 비명뿐이었습니다.

"으악!"

"괴물이다!"

괴물의 표정은 순식간에 굳어 버렸습니다. 얼음처럼 차갑고 딱딱해진 괴물의 얼굴로 돌멩이들이 날아왔습니다.

"죽여라!"

"다시는 못 오게 혼내 줘라!"

괴물은 영문도 모른 채 또 도망쳤습니다. 몽둥이를 든 사람들이 쫓아왔지만 그들을 따돌리는 건 식은 죽 먹기였습니다.

얼마 후 괴물이 멈추어 선 곳은 좁고 후미진 골목이었습니다. 괴물은 땅바닥에 철퍼덕 주저앉아 거칠게 숨을 내쉬었습니다. 얼굴에 흘러내리는 땀을 닦으니 피가 함께 묻어 나왔습니다. 괴물은 그 피를 한참 동안 내려다보았습니다.

"죽여…… 죽여라…….”

괴물은 자기도 모르게 사람들이 돌을 던지며 자신에게 했던 말을 떠올리고 따라했습니다.

"죽여라…… 괴물이다…… 괴물…….”

괴물. 사람들은 자신을 분명 그렇게 불렀습니다. 그리고 죽이려 했습니다. 괴물이란 그들과 다른 존재이고, 그들이 싫어하는 존재임에 틀림없었습니다.

"괴물…… 괴물…… 죽여라…….”

괴물은 실성이라도 한 듯 똑같은 말을 되풀이하여 중얼거렸습니다. 슬픔과 아픔 앞에서 배고픔은 흔적도 없이 사라져 버렸습니다.

괴물이 입을 다문 것은 괴물이라는 말을 정확히 백오십여덟 번 외친

뒤였습니다. 그는 힘없이 벽에 몸을 기대고 맞은편 벽을 멍하니 바라보았습니다.

"야옹!"

날카로운 울음소리와 함께 길고양이 한 마리가 휙 지나갔습니다. 고양이는 날쌔게 골목길 모퉁이를 돌아 어디론가 가 버렸습니다. 괴물은 갑자기 잠에서 깨어난 것처럼 몸을 곧추세우고 그 모습을 지켜보았습니다.

'저것은 무엇일까…… 날 죽이려 하지는 않는군.'

어떻게 생겨났는지, 어떤 곳인지, 그리고 왜 자기가 그 안에 있는지 알 수 없었지만, 적어도 괴물에게 이 세계는 참으로 이상하고 신기한 곳이었습니다. 물론 위험하고 외로워서 살기 어려운 곳이기도 했고요.

문득 고개를 들어 하늘을 보았습니다. 검은 하늘에 둥근 빛 덩어리가 보였습니다. 그건 낮에 보았던 것처럼 눈이 부시지는 않았지만, 어둠 속에서 골목 안을 환하게 비추어 줄 만큼은 밝았습니다.

괴물은 다시 고개를 떨구었습니다. 그리고 한 손을 눈 가까이로 들어 올려서는 다른 손으로 쓰다듬고 이리저리 돌려 가며 자세히 살폈습니다. 처음 눈을 뜨고 세상을 마주했을 때 자기 몸을 더듬으며 그랬던 것처럼 말이죠.

그 손은 자기에게 돌을 던지던 사람들의 것과 딱히 다를 게 없었습니다. 다만 우악스럽게 크고 거칠 뿐이었죠.

'나는 그 사람들과 다른 건가?'

도무지 알 수 없었습니다. 그들과 무엇이 다른지, 또 다르다고 그렇게 괴롭힘을 당해야 하는지.

"괴물……."

눈을 감은 채 고개를 푹 숙이고 또다시 괴물이란 말을 되뇌었습니다. 천천히, 마치 신음을 하듯이. 그렇게 아마 이십 번쯤 중얼거렸을 겁니다. 갑자기 피곤이 파도처럼 밀려오면서 괴물은 어느덧 꾸벅꾸벅 졸기 시작했습니다.

얼마나 졸았을까요? 누군가가 다가와 괴물의 어깨를 흔들었습니다.

"이런 데서 자면 어떡하나?"

괴물은 번쩍 눈을 떴습니다. 두 번이나 괴롭힘을 당하고 죽을 고비까지 겪은 탓에 괴물의 몸과 마음은 예민할 대로 예민해져 있었습니다.

"우어어!"

"이봐, 정신 차려."

괴물의 눈앞에 희미하게 사람의 윤곽이 나타났습니다. 그는 얼굴을 바짝 댄 채 괴물의 몸을 흔들며 계속 말을 걸고 있었습니다. 괴물은 벌떡 일어났습니다. 그리고 삼십육계 줄행랑을 놓았습니다.

"거기 서! 잠깐 서 보라고!"

괴물은 오직 도망쳐야 한다는 생각뿐이었습니다. 고통과 죽음을 피하려는 것은 괴물에게도 본능이었습니다. 사람들과 마찬가지로요. 사람들은 자신을 해치려는 적이었고, 살기 위해서는 그들을 피해야 했습니다. 그게 바로 두 번의 괴로운 경험을 통해 깨달은 사실이었습니다.

신에게 도전한 죄

"자네 무슨 일 있나? 얼굴색이 왜 그래?"

친구 앙리의 걱정스런 물음에도 프랑켄슈타인은 입을 꾹 다문 채 아무 말도 하지 않았습니다.

"이봐 빅터, 제발 말 좀 해 보라고! 무슨 일이야?"

하지만 소용없었습니다. 빅터 프랑켄슈타인 박사는 침대에 누운 채 마치 죽은 사람처럼 꼼짝도 안 했습니다. 다급해진 앙리 클레르발은 친구의 창백한 얼굴과 팔다리를 쓰다듬어 보았습니다. 그러고는 기겁을 했습니다.

"이런이런, 온몸이 펄펄 끓잖아! 빅터 잠깐만 기다려, 내가 의사를 불러올 테니."

앙리는 후다닥 방문을 열고 나갔습니다. 열린 문으로 쿵쿵쿵 계단을 밟는 소리가 들려왔습니다. 그러는 동안에도 프랑켄슈타인은 멍하니 천장만 올려다보았습니다. 마치 거기에 뭔가 그려져 있기라도 한 것처럼 말이죠.

프랑켄슈타인은 아직도 그날 밤 그 끔찍한 광경을 떨쳐 낼 수 없었습니다. 아, 그 소름 끼치는 생김새와 표정! 아마도 악마의 형상이 바로 그러했을 것입니다.

"아아……."

프랑켄슈타인은 천장을 그대로 응시한 채 신음을 토해 냈습니다. 그리고 처음으로 몸을 뒤척였습니다. 이마에 송골송골 맺힌 식은땀이 주르르 흘러내렸습니다.

괴물.

그건 정말로 끔찍한 괴물이었습니다. 하지만 애초에 생각한 건 결코 그런 생명체가 아니었습니다. 프랑켄슈타인은 새로운 인간, 지금의 인간보다 더 강하고 더 완벽한 존재를 만들려고 했습니다. 틀림없이 성공하리라 확신했고요.

'나는 새로운 생명체의 창조자가 된다. 그 생명체들은 나를 아버지로 모시고 신으로 떠받들리라.'

프랑켄슈타인에게 지난 몇 년은 뼈를 깎는 연구의 시간이었습니다. 생명의 신비함과 수수께끼를 풀고자 밤낮없이 화학, 물리학, 생리학, 해부학 같은 자연 과학 공부에만 매달렸습니다. 심지어 고향에 소식조차 전하지 않아 아버지와 다른 가족들이 걱정하다 못해 섭섭해할 정도였지요.

덕분에 기어이 생명의 탄생과 죽음의 원리를 알아낼 수 있었습니다. 오직 신만이 알고 있을 그 비밀을 엿본 순간, 프랑켄슈타인은 자기도 모르게 눈물을 흘렸습니다. 드디어 해냈다는 감격 때문이었습니다. 조물주가 된다는 건 이제 꿈이 아니라 눈앞의 현실이었습니다.

프랑켄슈타인은 눈을 질끈 감고 고개를 휙 돌렸습니다. 하얗게 트고 메마른 입술 사이로 다시 탄식이 흘러나왔습니다.

"아아……."

고통스런 중얼거림이 그 뒤를 이었습니다.

"아버지, 오만한 저를 용서하세요. 아, 시간을 되돌릴 수만 있다면!"

비바람 몰아치던 그 초겨울 밤에 그는 이미 깨달았습니다. 신은 오만한 자기를 용서하지 않을 것임을, 그리고 이제 파멸만이 기다릴 것임을 말입니다.

"지식을 얻는다는 것은 얼마나 위험한 일인가! 자기 존재가 허락하는 것보다 더 위대해지려고 갈망하는 자는 얼마나 어리석은가!"

모든 것은 인간인 주제에 인간의 한계를 뛰어넘으려는 무모한 욕망에서 비롯되었습니다. 물론 그것은 죄악이었습니다. 무언가를 창조하는 것, 새로이 만들어 내는 것은 본래 인간에게 허락된 것이 아니었으니까요. 옛 철학자들과 성경의 가르침대로 그건 오직 신의 영역에 속할 터였습니다.

한데 한갓 미물에 불과한 자신이 감히 그곳을 침범하여 생명의 비밀을 훔치고 생명체를 만들어 낸 것입니다. 그것도 악마의 모습을 한 괴물을!

괴물의 육체는 죽은 사람의 뇌와 뼈와 소, 돼지의 살과 장기를 결합하여 만든 것이었습니다. 뼈를 맞추고 거기에 살을 붙인 다음 뇌와 신경, 핏줄, 근육을 되살려 인간의 꼴을 갖추었습니다. 그 거대한 몸뚱이를 만들 재료를 구하느라 밤마다 묘지와 도살장, 시체 보관소를 얼마나 드나들었는지요.

인간과 짐승의 참혹한 주검을 다루면서 때로는 상상하기도 힘든 역겨움에 시달리기도 했습니다. 하지만 이를 악물고 참았습니다. 그 무엇도 생명 창조를 향한 프랑켄슈타인의 야망을 꺾지 못했습니다.

다만 그렇게 구한 재료로 만든 생명체가 아름다울 리는 없었습니다. 팔다리의 비례를 맞추고 조화로운 외모가 되도록 온갖 정성을 기울였지만, 몇 달 뒤에 완성된 모습은 애초의 의도와는 동떨어져 있었습니다. 이미 누가 봐도 흉측하기 짝이 없는 몰골이었으니까요.

거기서라도 멈췄으면 좋았으련만, 프랑켄슈타인은 그러지 못했습니다. 온갖 고난 끝에 다다른 생명 창조의 문 앞에서 차마 발길을 돌릴 수는 없었습니다.

'어쩌면 숨을 쉬고 살아 움직이면 훨씬 보기 좋을지도 몰라.'

정말로 그럴지도 몰랐습니다. 사람이, 아니 모든 생명체가 아름다운 건 살아 있기 때문이 아니던가요. 건강한 삶의 기운보다 더 아름다운 것은 세상에 아무것도 없을 것입니다.

'그래, 마저 완성하는 거야!'

그렇게 기어코 생명 창조의 마지막 단계에 착수했습니다. 그것은 괴물의 몸에 생명의 에너지를 불어넣는 작업이었습니다. 잠시 후 괴물의 몸에 피가 돌고 신경계가 작동하기 시작했습니다. 팔다리가 조금씩 꿈틀대고 얼굴 근육도 씰룩거렸습니다. 그리고 어느 순간, 괴물의 눈이 번쩍 뜨였습니다.

"으악!"

프랑켄슈타인은 자기도 모르게 비명을 내질렀습니다. 누런 바탕에 시뻘건 핏줄이 거미줄처럼 퍼져 있는 그것은 사람의 눈이 아니었습니다. 기대와는 달리 괴물은 훨씬 더 끔찍했습니다.

"오 하느님, 제가 도대체 무슨 짓을 한 것입니까!"

프랑켄슈타인은 공포에 휩싸인 채 머리를 감싸 쥐었습니다. 아무 생각도 들지 않았고, 흉측한 자기의 창조물을 차마 볼 수도 없었습니다. 심지어 같은 집 안에 있는 것조차 견딜 수 없어 집 밖으로 뛰쳐나갔습니다.

그날 밤, 그는 비가 쏟아지는 깜깜한 거리를 하염없이 돌아다녔습니다. 그 모습을 누가 봤다면 아마도 실성한 사람이라고 혀를 끌끌 찼을 것입니다. 가엾은 창조자는 늦은 새벽녘에야 어느 집 처마 밑에 쭈그리고 앉아 겨우 잠이 들었습니다.

"빅터, 의사를 데려왔어!"

앙리가 방문을 열고 뛰어 들어왔습니다. 그 뒤를 따라 왕진 가방을 든 의사가 천천히 걸어왔습니다. 의사는 약을 처방해 주고 푹 쉬면서 잘 먹으라고 당부했습니다.

프랑켄슈타인이 기운을 차린 건 몇 달이나 지나서였습니다.

"이봐 앙리, 창밖의 저 나뭇가지 좀 보게. 새싹이 돋고 있어."

"그러게. 벌써 봄이야."

프랑켄슈타인의 곁에는 늘 앙리가 있었습니다. 앙리는 겨우내 프랑켄슈타인 곁에 머물며 친구의 병을 돌봤습니다.

"겨울이 가니 봄이 오고, 봄이 오면 수풀이 자라나고."

"다 하느님의 보살핌 덕분 아니겠나."

"인간이 거역할 수 없는 자연의 법칙이지. 되풀이되는 계절도, 거기에 맞춰 바뀌는 풍경도……"

"그 자연의 법칙도 다 하느님께서 창조하신 것이니, 세상의 모든 것들은 하느님의 뜻에 따라 존재하는 것이겠지."

"그런가……"

프랑켄슈타인은 침대에 앉은 채 벽에 몸을 기댔습니다. 살짝 눈을 감자, 지난 몇 달 동안의 일들이 마치 주마등처럼 뇌리를 스쳐 갔습니다.

"으으……"

끔찍한 괴물의 눈이 머릿속에 떠오르는 순간, 자기도 모르게 신음 소리가 새어 나왔습니다.

"빅터, 괜찮나?"

앙리가 앉아 있던 의자에서 벌떡 일어나 프랑켄슈타인의 어깨를 잡았습니다.

"괜찮네. 잠시 옛날 일이 생각나서."

"뭔지 모르지만 다 잊어버리라니까. 쓸데없는 생각 말고 이거나 읽어 보라고."

앙리가 코트 주머니에서 꺼낸 것은 두툼한 편지였습니다.

"설마 엘리자베스를 잊지는 않았겠지?"

"엘리자베스?"

그럴 리가요. 고작 몇 달 앓았다고 사랑하는 약혼녀를 잊다니요. 프랑켄슈타인은 빼앗듯이 편지를 낚아채고서 봉투를 뜯었습니다.

"엘리자베스…… 엘리자베스……."

얼마나 흥분을 했는지 편지지를 맞잡은 두 손이 덜덜 떨렸습니다.

엘리자베스는 어려서부터 한집에서 함께 자란 아가씨였습니다. 본래 가난한 농부의 집에서 살던 가엾은 소녀를 프랑켄슈타인의 부모님이 집으로 데려온 것이지요.

부모님은 엘리자베스를 친딸처럼 소중하게 키웠습니다. 프랑켄슈타인은 엘리자베스를 친누이처럼, 그리고 때로는 친구처럼 애틋하게 여겼고요. 그건 엘리자베스도 마찬가지였습니다. 프랑켄슈타인의 아버지와 어머니를 친부모처럼 섬긴 건 물론이고 프랑켄슈타인을 끔찍이도 사랑했으니까요.

아버지와 어머니는 나중에 프랑켄슈타인과 엘리자베스가 결혼하기를 간절히 바랐습니다. 특히 어머니의 마지막 당부는 기억이 생생했습니다. 병으로 쇠약해진 어머니는 두 사람의 손을 힘겹게 잡고 한데 포갰습니다.

"얘들아, 내 가장 큰 소원은 너희가 결혼하는 것이란다. 천국에서 너희 둘의 행복한 모습을 지켜보고 싶구나."

프랑켄슈타인과 엘리자베스는 결혼할 것을 약속했습니다. 어머니의 희망대로 말이죠.

대학 공부를 위해 스위스를 떠나온 뒤에도 프랑켄슈타인의 마음은 변함이 없었습니다. 밤새워 연구에 몰두하다가도 문득문득 엘리자베스의 얼굴이 떠올라 당장이라도 고향으로 달려가고 싶었을 정도였지요. 그건 엘리자베스도 마찬가지였습니다.

편지에는 그런 엘리자베스의 마음이 한가득 담겨 있었습니다. 엘리자베스는 고향의 가족들은 모두 잘 있다며, 어서 건강해져서 집으로 돌아오라고 당부했습니다. 한 줄 한 줄 편지를 읽던 프랑켄슈타인은 참지 못하고 눈물을 흘리고 말았습니다.

"이봐 앙리, 지난 몇 년 동안 도대체 난 무엇을 한 거지?"

"응?"

앙리는 어리둥절한 표정으로 친구의 얼굴을 바라보았습니다.

"뭘 하다니? 열심히 공부했잖아."

"공부라…… 그래 공부를 했지."

프랑켄슈타인은 편지를 접어 한 손에 든 채 다시 눈을 감았습니다.

"맞아, 정말 열심히 공부했어. 이 세계의 비밀을 알고 싶었거든. 그래서 자연의 법칙을 연구하고 생명의 비밀을 찾아 헤맸어."

"자네는 어릴 때부터 그런 데 관심이 많았지. 나는 시나 짓고 연극이나 즐겼는데 말이지."

앙리는 행복했던 어린 시절이 떠오른 듯 살짝 미소를 지었습니다. 하지만 프랑켄슈타인은 괴로운 표정으로 푹 한숨을 내쉬었습니다.

"그래, 그랬어. 나는 그때 벌써 과학에 푹 빠졌지. 어린 나이에 아리스토텔레스와 뉴턴, 갈릴레이, 하비, 라부아지에의 이론을 공부했을 정도로. 심지어 엉터리 연금술사들의 책까지 두루 보았으니까."

"자넨 정말 대단했어!"

"대단했다고? 그럴지도 모르지. 신에게 도전하려 했으니까."

"신에게 도전? 그게 무슨 소리지?"

프랑켄슈타인은 잠시 멍하니 창밖을 내다보았습니다. 그러고는 다시 앙리를 보며 중얼거리듯 말했습니다.

"나는 죄를 지었어. 큰 죄를……."

"큰 죄라니…… 사람이라도 죽였나?"

앙리는 말도 안 된다는 듯 고개를 젖히고 큰 소리로 웃었습니다.

"아니."

프랑켄슈타인은 무표정한 얼굴로, 그리고 다 꺼져 가는 목소리로 대답했습니다.

"하지만 어쩌면 그보다 더 큰 죄인지도 몰라. 도대체 어쩌자고 그토록 무모하고 끔찍한 생각을 했을까. 엘리자베스는 나를 용서해 줄까?"

"누구나 나쁜 생각 한두 번은 하잖아. 그렇다고 그게 죄인가. 자네 아직도 좀 아픈 것 같아. 그러니 그냥 푹 좀 쉬라고. 쓸데없는 생각 말고."

프랑켄슈타인은 고개를 숙이고 절레절레 흔들었습니다.

"아냐, 난 이제 괜찮아. 다만……."

"다만?"

"아니, 자넨 신경 쓰지 마. 그냥 혼잣말한 거야."

두 사람은 한동안 아무 말도 없이 앉아 있었습니다. 방 안에는 숨 막히는 정적만이 흘렀습니다. 두 사람의 작은 숨소리, 그리고 가끔 프랑켄슈타인이 편지를 만지작거리며 내는 부스럭거림 말고는 아무 소리도 들리지 않았습니다.

그 정적을 먼저 깬 것은 프랑켄슈타인이었습니다.

"이봐 앙리, 인간은 왜 이리 오만할까?"

"응?"

앙리는 프랑켄슈타인을 멍하니 바라보았습니다. 이 친구가 도대체 왜 이러는지 모르겠다는 듯한 표정이었습니다. 하지만 그러거나 말거나 프랑켄슈타인의 질문은 계속되었습니다.

"인간은 왜 이리 탐욕스럽지? 왜 신과 자연에 감사하며 겸손하게 살 줄 모르는 거야? 세상에 인간보다 악한 존재가 있을까?"

게다가 목소리도 점점 커져 갔습니다.

"자넨 도대체 인간이 무엇이라고 생각하나?"

앙리는 거의 울상이 되어 버렸습니다.

"빅터, 제발 그만 좀 하게. 몸도 성치 않은데 그딴 쓸데없는 고민은 왜 하는 거야?"

얼마나 당황했는지 목소리까지 떨렸습니다. 어쩔 줄 몰라 하던 앙리를 구해 준 것은 느닷없이 울려 퍼진 웬 낯선 목소리였습니다.

"바로 그게 인간인 거요, 프랑켄슈타인 박사!"

두 사람은 깜짝 놀라 동시에 고개를 휙 돌렸습니다. 마침 활짝 열린 방문 앞에 서 있는 사람은 철 지난 두꺼운 외투를 입은 꾀죄죄한 노인 이었습니다.

"누, 누구세요!"

눈이 사발만 해진 앙리가 벌떡 일어나며 외쳤습니다. 하지만 노인은 대꾸도 않고 성큼성큼 방 안으로 걸어 들어왔습니다. 그러고는 침대 가까이 다가와 프랑켄슈타인을 빤히 내려다보았습니다.

"누구신데 남의 방에 함부로……."

그러면서 프랑켄슈타인은 자기도 모르게 몸을 뒤로 바짝 붙였습니
다. 프랑켄슈타인의 눈도 앙리만큼이나 커졌습니다.

대화

"나는 플라톤이라 하오."

"누구시라고요?"

"플라톤 모르시오? 소크라테스 선생의 애제자이자 아리스토텔레스의 스승인 아테네의 플라톤 말이오."

"네?"

그날 밤, 그러니까 그 흉측한 괴물의 모습에 혼비백산한 뒤로 프랑켄슈타인은 낯선 사람만 보면 깜짝깜짝 놀라는 버릇이 생겼습니다. 노인은 낯선 데다가 괴물만큼은 아니더라도 충분히 흉측했습니다.

"플라톤이야 알지만, 영감님이 플라톤이란 말입니까?"

"왜 아니겠소."

프랑켄슈타인은 갑자기 긴장이 확 풀렸습니다. 세상에 별사람이 다 있었습니다. 불쑥 남의 집에 들어와 이천 년 전의 위대한 철학자를 사칭하다니요.

인간의 본질이 무엇인지 아시오?

난 플라톤이라 하오. 이미 알고 있겠지만…

"앙리, 경찰에 신고하는 게 좋겠어. 아니, 병원에 연락해야 할까?"

하지만 노인은 들은 척도 안 하고 아예 침대가에 자리 잡고 앉았습니다. 그러고는 마치 한참 전부터 토론이라도 하고 있던 것처럼 천연덕스레 말을 이어 갔습니다.

"인간은 신도 아니고 그렇다고 짐승도 아니오. 그저 인간일 뿐."

프랑켄슈타인은 어이가 없었습니다. 그러나 너무나 진지한 노인의 표정과 말투 때문에 대꾸를 해야 할지 말아야 할지 고민에 빠져 버렸습니다.

"저기 어르신, 제 친구는 환자입니다. 죄송하지만……."

황당한 상황에 잠시 넋이 나갔던 앙리가 정신이 돌아왔는지 노인을 제지하려 했습니다. 하지만 앙리의 말은 민망하게 끊겨 버렸습니다.

"그런 인간이란 존재의 본질이 뭐겠소?"

자칭 플라톤이란 노인은 이제 팔짱을 끼고 따지듯이 질문을 던졌습

앙리, 어서 경찰을 부르게~

영감님이 진짜 이천 년 전 위대한 철학자 플라톤이라고요?

니다. 그러고는 프랑켄슈타인이 미처 입을 뗄 사이도 없이 스스로 답을 했습니다.

"바로 이성일 거요. 생각하는 능력 또는 성질."

프랑켄슈타인과 앙리는 그저 멍하니 노인을 바라볼 뿐이었습니다.

"이성이야말로 동식물에게는 없는 인간만의 특징이오. 그리고 그건 인간이 영혼을 가진 존재여서 그런 것이오. 영혼을 가졌다는 것은……."

콜록콜록. 갑작스런 기침 때문에 노인의 말은 잠시 끊어졌습니다.

"실례했소, 겨울에 걸린 감기가 아직도 안 떨어져서. 그러니까 인간이 영혼을 가졌다는 것은, 그래서 사유하는 능력이 있다는 것은…… 켁켁."

"이데아를 인식할 수 있는 존재라는 것이겠죠."

노인이 입을 막고 기침을 하는 틈에 프랑켄슈타인이 끼어들었습니다.

그건 됐고,
인간의 본질은 이성에 있다오!
그래서 인간이 특별한 거고.

오호~ 푹신하군.
좋아, 아주 좋아~

"그렇소. 영원히 사라지지 않고 존재하는 것, 볼 수도 만질 수도 없지만 모든 사물들이 흉내 내어 그 모습으로 존재할 수 있게 해 주는 것, 가장 이상적이고 완벽한 존재, 그게 다름 아닌 이데아 아니겠소?"

"바로 당신이 생각해 낸 것이죠. 영감님이 정말로 저 아테네의 위대한 철학자 플라톤이시라면 말입니다."

"이데아의 세계는 곧 신의 영역이요, 감각으로는 알 수 없는 본질의 세계지. 그러니 인간은 신의 세계를 엿볼 능력을 가진 존재란 말이 아니겠소?"

"그렇게 되겠지요."

"자 그렇다면, 그런 인간이 신이 하는 일을 어설프게 흉내 낸다 한들 그게 뭐 그리 큰 죄가 되겠소. 인간이……."

"죄가 되지요."

노인이 목청을 돋우며 조금씩 흥분하기 시작한 순간, 가만히 지켜보

던 앙리가 끼어들었습니다.

"신은 신이고 인간은 인간 아닌가요. 신은 창조자이고 인간은 그 신에게서 창조의 은혜를 입은 피조물입니다. 그래서 신은 저 높은 신의 나라에 계시고 인간은 여기 낮은 곳에서 사는 거고요."

앙리의 입에서 봇물 터지듯 말이 쏟아져 나왔습니다. 이번에는 프랑켄슈타인과 노인이 멍하니 앙리를 바라보았습니다.

"신을 흉내 낸다고요? 자, 그럼 저기를 한번 보세요."

앙리는 두 팔을 번쩍 들어 손바닥으로 창밖을 가리켰습니다. 그리고 마치 배우가 긴 대사를 읊듯 한바탕 열변을 토했습니다.

"보이세요, 저 아름다운 풍경이? 눈부시게 푸른 하늘, 이글이글 타오르는 태양, 그 아래서 파릇파릇 새싹이 돋는 나뭇가지들, 찍찍거리며 하늘을 나는 참새……. 인간이 저것들을 만들어 낼 수 있나요? 그깟 이성이 좀 있다고?"

"진정하시오, 친구."

노인이 짐짓 헛기침을 하며 방해하려 했지만 소용없었습니다.

"감히 신을 흉내 낸다고요? 불가능한 건 둘째치고, 그건 너무나 주제 넘은 생각이 아닐까요? 창조자에게는 창조자의 몫이, 피조물에게는 피조물의 몫이 있습니다. 피조물인 인간은 신이 창조한 이 조화롭고 아름다운 세상에서 겸손하게, 그리고 감사하게 살면 됩니다. 그게 곧 행복일 테고요. 신은 인간에게 그 이상을 허용하지 않으셨습니다."

프랑켄슈타인이 번쩍 고개를 들어 앙리를 보았습니다. 그 직전까지 그는 고개를 푹 숙인 채 앙리의 말을 듣고 있었습니다.

"가슴을 후벼 파는 얘기로군. 잘 들었네, 앙리."

콜록콜록. 노인이 다시 기침을 했습니다.

"우리 철학자 영감님께서는 어떻게 생각하시는지요?"

잠시 창밖을 내다보던 프랑켄슈타인이 노인에게 물었습니다.

"음…… 물론 나도 잘 들었소. 그런데 한 가지 물어봅시다, 친구 양반."

노인은 휙 고개를 돌려 앙리를 보았습니다. 프랑켄슈타인의 눈길도 덩달아 앙리 쪽을 향했습니다.

"그건 당신 생각이오?"

"제 머릿속에 있는 거니 당연히 제 생각이지요."

"아니, 아니, 내 말 뜻은 당신이 스스로 생각해 낸 거냐 하는 거요."

"그럴 리야 있겠습니까. 어디서 듣거나 보고 배운 거겠죠. 하지만 제가 판단해서 옳다고 생각하고 받아들인 것이니 어쨌든 제 생각 아니겠습니까?"

"그것도 맞는 말이오."

노인은 짐짓 고개를 끄덕였습니다.

"갑자기 솔론이라는 사람이 생각나는군. 혹시 그 사람 아시오?"

"그리스의 일곱 현인에 속하는 분 아닙니까. 정치가에 시인이고."

"믿기지 않겠지만 나의 먼 조상님이기도 하지. 나보다 한 이백 년 먼저 태어난 양반인데, 이분이 지혜를 찾는답시고 여러 나라를 돌아다니고 와서 그랬다오. 신을 두려워하고 인간의 한계를 깨닫는 것이 바로 지혜라고."

"저와 같은 생각을 했군요."

"그렇소. 이천 몇백 년 뒤에 태어난 당신도 비슷한 생각을 하고 있는 거요."

"그게 무슨 문제라도 되나요? 진리는 아무리 많은 세월이 지나도 진리일 텐데……."

"앙리 당신의 생각은 정말 긴 역사를 가진 것이오. 불과 일이백 년 전만 해도 거의 모든 사람들이 그렇게 믿었으니. 심지어 그와 다른 생각을 말하는 사람은 목숨을 잃기도 했고 말이오."

노인은 웃음 띤 얼굴로 잠시 앙리를 응시했습니다.

"이보게 주인장, 마실 것 좀 없나? 불청객이라고 물 한잔 안 주다니 야박들 하신걸?"

그러자 앙리가 벌떡 일어나 문밖으로 나가더니 계단 아래쪽으로 뭐라 외쳤습니다. 일 층의 하녀에게 물을 부탁한 모양입니다. 앙리가 돌아와 자리에 앉자 노인은 다시 말을 이어 갔습니다.

"저 깜깜하기 짝이 없는 중세를 한번 생각해 보시오."

"중세요?"

앙리도, 프랑켄슈타인도 어느덧 노인과 대화에 빠져들고 있었습니다.

"찬란했던 그리스·로마 문명이 한순간에 무너지고 온 유럽이 야만인들의 창칼과 교회에 점령당한 그 암흑의 시대 말이오. 그때 인간은 그저 신의 종이었을 뿐이었소. 거의 대부분의 인간들이."

"신의 종?"

"그렇소. 사람들은 오로지 신의 말씀, 아니 정확히 말하면 교회, 곧 성직자들의 가르침에 따라 살았소."

"그거야 지금도 마찬가지 아닌가요? 우리도 대부분 하느님을 믿고 교회에 나가 목사님 설교 듣고 성경 말씀에 따라 살려고 노력하지 않나요?"

"그렇긴 하오. 하지만 중세 사람들은 심지어 스스로 생각조차 하지 않았소. 예를 들면 이 세계는 무엇일까, 인간이란 어떤 존재일까, 어떻게 사는 게 잘 사는 것일까, 참된 지식은 무엇일까 따위의 고민은 하지도 않았고 할 필요도 없었소."

"그거야 당연하죠. 신을 믿고 신의 말씀에 따라 사는데 뭐하러 쓸데없이 그런 고민을 한답니까."

"바로 그거요. 모든 고민은 성경책과 교회가 대신하고 해결책까지 주었던 거요. 그래서 철학도 없었고 과학도 발전하지 못했지. 오직 신학

과거 중세에는 어땠소?
오로지 신! 신! 신!
교회! 교회! 교회만을 믿고 따르며
스스로 생각조차 하지 않았소!

만 번성했을 뿐. 사람들에게 중요한 건 단 하나, 구원을 받아 천국에 가는 것뿐이었소."

"그게 어때서요?"

"아까도 말했지만, 인간이란 영혼을 가진 존재요. 이성, 그러니까 스스로 고민하고 생각하는 능력을 가진 존재란 말이오."

"그렇다면 영감님 말씀은 중세 사람들은 인간이 아니었단 말씀인가요?"

"그럴 리가. 그렇다면 그들과 비슷한 생각을 하는 당신이 사람이 아니란 말이오? 그건 아니잖소?"

"뭐라고요?"

"아니, 그게 아니고…… 그러니까…… 인간답지 못하게 살았다는 거하고 인간이 아니었다는 거하고는 분명 다르지 않겠소? 말하자면 그들은 인간임에도 인간답게 살 수 없었다는 거요. 이성을 발휘하지 못하고

사는 사람을 인간다운 사람이라고 할 순 없지."

"그럼 저도 인간답지 못한 사람인가요?"

앙리는 이제 거의 씩씩거렸습니다.

"아 그건…… 뭐, 그런 면이 없진 않은 듯하구려."

영감은 입언저리를 쓰다듬으며 혼잣말처럼 중얼거렸습니다. 그러고 는 프랑켄슈타인 쪽으로 시선을 돌리며 말했습니다.

"아무튼 간단하게 한마디로 정리하자면, 인간이란 이성을 가진 존재요. 그 이성을 발휘하여 무엇이든 될 수 있는 존재이고. 그건 이천 년 동안 한 번도 바뀌지 않은 내 생각이오."

하지만 프랑켄슈타인은 아무 말도 하지 않았습니다. 그는 아까부터 뭔가 생각하는 듯 턱을 손에 괴고 줄곧 방바닥만 보고 있다가 조심스레 물었습니다.

"그런데 말입니다, 만약 이런 존재가 있다면…… 그러니까…… 몸은

괴… 괴물을
아니,
그놈을
만나셨나요?

사람이되 이성은 불완전한…… 그런 생물체가 있다면 그는 사람입니까, 아닙니까?"

"당연히 불완전한 사람이겠지요. 가만, 그건 내가 예전에 실제로 본 어떤 괴물 같은 존재로군요?"

"그런 괴물을 보았다고요?"

프랑켄슈타인은 소스라치게 놀랐습니다. 순식간에 잿빛으로 변한 얼굴은 가볍게 떨리기까지 했습니다.

"봤소. 키가 이 미터는 훨씬 넘을 것 같고, 파충류처럼 생긴 눈에 살갗은 여기저기 꿰맨 자국투성이고, 목소리는 마치 거대한 짐승의 울음 같더이다."

"그럼 설마…… 설마 그 괴물이……."

"왜 그러나, 빅터? 또 아픈가?"

앙리는 벌떡 일어나 프랑켄슈타인의 어깨를 팔로 감쌌습니다.

"아냐, 괜찮네, 앙리. 미안하지만 물이나 좀 떠다 주겠나?"

"알았네. 그런데 하녀는 뭐 하는 거야, 도대체!"

앙리는 황급히 일어나 문밖으로 달려 나갔습니다. 곧이어 쿵쾅쿵쾅 나무 계단을 밟고 내려가는 소리가 들려왔습니다. 굳은 얼굴로 문 쪽을 바라보던 프랑켄슈타인이 다시 입을 열었습니다.

"실례지만 영감님, 그 괴물을 언제, 어디서 보셨는지요?"

"마지막으로 본 건 작년 늦가을, 아니 초겨울? 아무튼 그 무렵이고, 아마도 이 도시 어느 뒷골목이었던 것 같은데…… 사실 정확히는 모르 겠소. 나도 이제 너무 늙어서 기억력이 엉망이라."

"괴물은 어떤 모습이던가요? 뭘 하고 있었고요?"

"몰골이 말이 아니더이다. 외투를 하나 걸치긴 했는데 너무 작아 보 였고, 얼굴은 상처투성이에 피까지 흘리고 있었소. 피곤한지 벽에 기대 어 자고 있었는데, 얼마나 잠이 깊은지 내가 가까이 가도 꿈쩍도 안 합

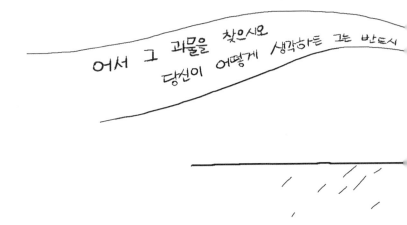

어서 그 괴물을 찾으시오 당신이 어떻게 생각하든 그는 반드시

디다. 살을 에는 그 추위 속에서 말이오."

"아⋯⋯."

프랑켄슈타인은 머리를 쳐들고 눈을 감은 채 짧게 신음 소리를 냈습니다.

"그럼, 그 뒤로 다시 본 적은 없었나요?"

"에, 그러니까 그게⋯⋯ 뭐 그런 것 같소. 그건 그렇고 그 괴물을 당신이 만들었다는 소문이 있던데?"

"예? 무슨 말씀을⋯⋯."

"이보쇼, 박사. 내가 여기 왜 왔을 것 같소?"

"글쎄요⋯⋯."

"어서 몸을 추스르고 밖에 나가 괴물을 찾아보시오. 피조물은 창조자를 찾게 마련이오. 더구나 느닷없이 던져진 세계에서 갈 곳 모르고 헤매는 가엾은 영혼이라면 말이오."

그때 앙리가 들어왔습니다. 손에는 물병과 컵이 얹힌 쟁반이 들려 있었습니다. 그러자 노인은 자리에서 벌떡 일어났습니다.

"난 이만 가 보겠소. 건강 잘 돌보시오, 빅터 프랑켄슈타인 박사!"

플라톤 노인은 올 때와 마찬가지로 바람처럼 휙 나가 버렸습니다.

"저 영감 누구야? 아는 사람인가?"

프랑켄슈타인은 아무 대꾸도 하지 않았습니다. 마치 아무것도 들리지 않는 사람처럼 말이죠. 방 안에는 다시 정적이 흘렀습니다. 벽시계의 똑딱똑딱하는 소리만 불안하게, 점점 크게 울려 퍼졌습니다.

차디찬 세상

괴물은 도시에서 멀리 떨어진 숲과 들판에서 겨울을 맞이했습니다. 몹시 춥고 황량했지만, 사람들이 잘 눈에 띄지 않아 괴물로서는 차라리 지내기 좋았습니다. 외로움과 배고픔이야 참으면 그만이었고요.

그렇다고 늘 굶주린 것도 아니었습니다. 간혹 만나는 사람들이 남기고 간 음식을 쏠쏠히 먹을 수도 있었으니까요.

한번은 추위를 피하려 찾은 작은 오두막에서 뜻밖의 횡재를 했습니다. 그 오두막은 양치기들의 쉼터였는데, 마침 문이 열려 있어서 들어갔더니 한 노인이 활활 타오르는 장작불가에서 식사 준비를 하고 있었습니다. 노인은 컵에 우유를 따르다가 인기척을 느꼈는지 문득 입구 쪽으로 고개를 돌렸습니다.

"누구……."

하지만 괴물을 본 순간, 노인의 말은 소름 끼치는 비명으로 바뀌었습니다.

"아아아악! 사람 살려!"

노인은 괴물을 밀치고 밖으로 뛰쳐나가더니 그 길로 들판을 가로질러 순식간에 사라져 버렸습니다. 참으로 놀라운 속도였습니다. 비쩍 말라 통 기운이 없어 보이는 늙은 양치기였는데도 말이죠. 물론, 덕분에 맛있는 음식과 더불어 근사한 피신처까지 얻었으니 기분이 썩 나쁘지는 않았습니다. 괴물 취급받고 돌팔매질에 몽둥이세례까지 받은 게 벌써 여러 번이라 이런 대접이면 오히려 행복할 정도였으니까요.

괴물은 양치기 노인이 남기고 간 빵과 우유, 치즈를 배불리 먹고 따뜻한 잠자리에서 편안히 잠까지 잤습니다. 그리고 아쉽지만 오두막을 떠났습니다. 도망친 노인이 사람들을 불러올지도 몰랐기 때문입니다.

또 어느 날엔가는 무작정 마을로 들어간 적이 있었습니다. 추위와 외로움에 지친 채 들판을 헤매다 혹시나 하는 마음이 들어서였지요. 역시나 기다린 것은 돌팔매질과 몽둥이질이었습니다.

"괴물이다!"

"죽여 버려라!"

온 마을 사람들이 몰려와 욕설을 퍼붓고 정말로 죽일 듯이 공격을 해 댔습니다. 괴물은 도망칠 수밖에 없었습니다. 두려움과 고통과 슬픔 속에서.

결국 다시 외롭고 황량한 들판이었습니다. 날은 벌써 저물었고, 이제 눈까지 내렸습니다. 찬 기운이 뼛속까지 스며들어 제아무리 괴물이라도 견딜 수 없을 만큼 추워졌습니다. 운 좋게 피신처를 찾은 것은 거의 얼어 죽을 지경에 이르렀을 때였습니다.

그곳은 허름한 오두막집 뒤쪽에 붙어 있는 작은 우리였습니다. 돼지 같은 가축을 키우려고 지은 것인 듯했지만 지푸라기만 깔렸을 뿐 텅 비어 있었습니다. 괴물은 푹신한 지푸라기 위에 몸을 뉘고 정신없이 잠에 빠져들었습니다.

낡아서 찬바람이 새어 들어오는 우리였지만, 그럭저럭 눈비와 추위를 피할 정도는 됐습니다. 대책 없이 들판을 헤매고 다니느니 그냥 그곳에서 머무는 게 좋을 것 같았습니다. 괴물은 우리 안에서 며칠 밤낮을 보냈습니다. 여기저기서 구해 놓은 음식 덕분에 먹을 것을 걱정할 필요도 없었습니다.

언제나처럼 해가 뜨고 해가 졌습니다. 낮이 가면 밤이 오고, 밤이 가면 낮이 왔습니다. 그건 이 세상의 법칙인 것 같았습니다. 괴물에게 세상은 아직도 낯설고 알 수 없는 것투성이였자만, 그래도 조금씩 익숙해지고 있었습니다.

이제 괴물은 자신이 사람들과 다르고, 그래서 그들이 자기를 괴물이라 부르며 무서워하고 미워한다는 사실을 깨달았습니다. 사람은 가까이할 수 없는 위험한 존재임에 틀림없었습니다. 적어도 괴물에게는 말입니다.

하지만 괴물이 피신처로 삼은 오두막에도 사람이 살고 있었습니다.

젊은 남자와 어린 소녀, 그리고 눈이 먼 늙은 남자, 이렇게 모두 셋이었지요. 청년과 소녀는 남매 사이였고, 장님 노인은 그들의 아버지인 듯했습니다.

괴물은 그 사람들의 눈에 띄지 않게 지내야 했습니다. 그러다 보니 낮에는 가만히 누워 잠을 자고 해가 진 뒤에만 잠깐씩 밖에 나가 돌아다니는 생활을 할 수밖에 없었지요. 몰래 그들을 살피고 관찰하는 게 일과가 돼 버렸고요.

청년의 이름은 펠릭스였습니다. 동생인 소녀의 이름은 아가사였으며, 노인은 그냥 아버지라 불렸습니다. 펠릭스와 아가사는 이른 아침부터 밭에 나가 일을 했고, 앞을 못 보는 아버지는 하루 종일 집 안에서 지냈습니다. 그리고 저녁때가 되면 함께 식사를 하고 이런저런 얘기를 나눴습니다.

이상한 건 그 세 사람이 서로에게 무척 친절하다는 것이었습니다. 그들은 다정하게 말을 주고받았으며 서로를 끔찍이도 아껴 주고 사랑하는 것처럼 보였는데, 그건 괴물이 지금까지 만난 사람들에게서는 전혀 볼 수 없었던 모습이었습니다.

'사람이 저럴 수도 있나?'

괴물은 두 눈으로 보고도 좀처럼 믿을 수가 없었습니다.

'저들이 내게 돌팔매질과 몽둥이질을 해 대던 그 사람들과 같은 무리란 말인가?'

게다가 노인은 혼자 있을 때면 피리를 연주하곤 했는데, 그 소리는 또 얼마나 아름다웠는지요. 사람이라는 생물체를 생각할 때면 언제나 돌멩이와 몽둥이, 욕지거리밖에 안 떠올랐습니다. 괴물에게 그들은 난폭하고 상스럽고 늘 누군가를 괴롭히는 악마 같은 존재였습니다. 그런데 그처럼 아름다운 음악을 연주하다니요?

괴물의 마음속에는 새삼 희망 같은 게 생겨났습니다. 그들은 분명 다른 사람들이고, 어쩌면 자기와 친구가 될 수도 있겠다는 생각이 들었습니다. 펠릭스의 가족을 도와야겠다고 결심한 것도 바로 그 때문이었습니다.

펠릭스네는 무척 가난했습니다. 펠릭스와 아가사가 집 안팎에서 하루 종일 일을 했지만, 먹을 것은 늘 변변치 않았습니다. 대개 감자 몇 개와 우유로 끼니를 때웠는데, 그나마도 없어서 온 식구가 굶는 날도 있었습니다.

괴물은 펠릭스 남매의 일이라도 덜어 주기로 했습니다. 펠릭스가 날마다 힘들게 땔감을 구해 오는 걸 보고 밤마다 숲에 가서 나무를 베어다 놓고, 먹을 것이 떨어진 듯하면 멀리 마을까지 가서 감자와 빵 같은 것을 훔쳐 와 문 앞에 놓아두곤 했습니다.

펠릭스와 아가사는 처음에는 깜짝 놀랐습니다. 몹시 불안해하며 땔감이고 음식이고 손을 대지도 않았습니다. 그도 그럴 것이 간밤에는 아무것도 없던 마당에 땔감이 산더미처럼 쌓였거나 난데없이 귀한 음식이 놓여 있었으니까요.

하지만 무서움이 배고픔을 이길 수는 없었습니다. 두 사람은 곧 괴물의 선물을 받아들였습니다. 아가사는 그게 숲 속의 요정이 갖다 준 선물이 틀림없다고 생각했습니다. 펠릭스는 식사 때면 이렇게 기도했습니다.

"하느님, 저희 가족을 가엾게 여기시고 요정을 보내 이렇게 귀한 땔감과 음식을 내려주시니 참으로 감사합니다."

하느님이 누구인지 요정이 무엇인지, 그리고 왜 펠릭스가 하느님에게 감사를 하는지 괴물은 알지 못했습니다. 하지만 자기가 가져다준 땔감과 음식으로 불을 피우고 식사를 하는 걸 보고 너무나 기뻤습니다. 괴물은 처음으로 사람에게 호감을 갖게 되었습니다. 그리고 보람을 느꼈습니다.

보람은 그뿐이 아니었습니다. 겨우내 펠릭스네 오두막에 머물면서 인간의 말과 그것을 기록하는 문자를 배웠거든요. 물론 그건 펠릭스 덕분이었습니다. 펠릭스는 어린 여동생에게 매일 저녁 책을 읽어 주고 글쓰는 법을 가르쳤는데, 괴물은 그때마다 그의 말을 귀 기울여 듣고 스스로 익힐 수 있었습니다.

괴물은 엄청나게 머리가 좋았습니다. 프랑켄슈타인이 괴물을 만들 때 가져다 쓴 뇌가 뛰어나게 우수한 성능을 가진 것이었나 봅니다. 괴물은 한 번 보거나 들은 것은 절대 잊어버리지 않을 만큼 기억력이 좋았습니다. 거기에 추리 능력도 뛰어나서, 그야말로 하나를 알면 열 가지를 미루어 짐작할 수 있었지요.

덕분에 얼마 지나지 않아 혼자서도 책을 술술 읽을 수 있게 되었습니다. 나중에는 밖에 나가 스스로 책을 구해다 읽기까지 했습니다. 펠릭스가 읽어 주는 여러 가지 책들, 그리고 운 좋게 얻은 철학, 역사, 문학, 과학 분야의 책들을 열심히 듣고 읽고 난 뒤, 괴물의 지식과 사고 수준은 하루가 다르게 늘고 높아졌습니다.

겨울이 끝나 갈 무렵, 괴물은 우주와 자연의 법칙을 조금씩 깨닫기 시작했습니다. 그와 더불어 인간 사회가 어떤 곳이고 어떻게 만들어졌는지도 제법 상세히 알 수 있었습니다. 실로 인간의 문명은 몇천 년의 역사를 가지고 있었습니다. 그리고 그 긴 세월 동안 셀 수 없이 많은 사람들의 피와 땀 위에 지금과 같은 세상이 만들어진 것이었습니다.

괴물이 특히 좋아한 책은 플루타르코스의 『영웅전』과 존 밀턴의 『실낙원』, 괴테의 『젊은 베르테르의 슬픔』이었습니다.

『영웅전』은 고대 그리스와 로마에 공화국을 세운 위대한 사람들의 이야기였습니다. 『실낙원』은 신이 창조한 인간들이 죄의 구렁텅이에 빠져 낙원에서 쫓겨난 사건을 노래한 서사시였고, 『젊은 베르테르의 슬픔』은 한 젊은이의 순수한 사랑이 안타깝게 좌절되는 모습을 그린 소설이었습니다.

괴물은 그 책들을 되풀이 읽으면서 인간 문명이 어떻게 시작되어 발

전했는지, 인간이 믿고 의지하는 신이 어떤 존재인지 짐작할 수 있었습니다. 그리고 인간이 무엇을 바라고 무엇에 몰두하는지, 소중히 여기는 건 무엇인지 생각해 보기도 했고요.

인간과 인간 문명, 인간 사회는 분명 위대해 보였습니다. 자연계에서 한갓 초라한 생물에 불과했던 인간이 지금은 이처럼 지구의 유일한 지배자가 되었으니까요.

하지만 그렇다고 마냥 아름답지는 않았습니다. 먼 옛날부터 되풀이된 크고 작은 전쟁의 기록들만 봐도 말이죠. 그것들은 인간이 한편으로 얼마나 추하고 악한 존재인지 말해 주는 증거인 것 같았습니다.

인간의 역사는 서로 미워하고 피 흘리며 싸운 이야기라고도 할 수 있었습니다. 그러고 보면 인간은 자비롭고 선한 신을 섬기면서도 틈만 나면 피비린내 나는 전쟁을 벌이는 어리석고 위선적인 존재였습니다.

'그래도 모든 인간들이 다 그렇지는 않은 모양이군.'

당장 눈앞의 펠릭스 가족들만 봐도 그랬습니다. 그들은 서로 사랑하고 존경했으며, 하루하루 땀 흘려 일하면서도 특별한 욕심이 없었습니다. 작은 기쁨에도 감사하고 만족할 줄 아는 모습은 얼마나 아름다웠는지요.

한 가지 안타까운 건, 그렇게 열심히 일하고 착하게 사는데도 늘 가난에 시달린다는 사실이었습니다. 물론 그건 펠릭스 가족뿐만이 아니었습니다. 다른 사람들도 대부분 마찬가지였고, 심지어 다른 시대, 다른 사회에서도 다를 게 없는 듯했습니다. 괴물은 이해가 가지 않았습니다.

'옛날이야 그렇다 쳐도, 이처럼 위대한 문명을 이룬 지금은 왜? 눈부신 이성의 시대에 왜 그런 불합리한 일을 방치하지?'

인간과 인간 사회는 알면 알수록 이해할 수 없는 것투성이였습니다. 괴물은 새삼 또 궁금해졌습니다. 이런 이상한 곳에 불쑥 내던져져 고통스럽게 목숨을 이어 가는 자신은 도대체 어떤 존재일까요.

인간들은 자신을 비롯하여 이 우주를 창조한 건 신이라고 믿는 듯했습니다. 괴물은 그럴지도 모른다고 생각했습니다. 인간이든 세상이든 누군가가 만들지 않았는데 존재할 수는 없을 것 같았거든요. 그 '누군가'가 인간이 믿는 신인지 뭔지 알 순 없지만요.

그렇다면 괴물 자신을 만든 것은 누구일까요? 인간을 닮았지만 인간이 아닌 괴물 취급을 받는 이 흉측한 존재는 과연 누가 창조했을까요? 설마 인간들의 신이? 그럴 리가요. 그렇게 전지전능하고 자비롭다는 절대자가 이처럼 괴상한 생물을 만들었을 리는 만무할 테지요.

수수께끼가 풀린 건 우연히 외투 안주머니에서 발견한 수첩과 편지 덕분이었습니다.

괴물은 프랑켄슈타인의 실험실에서 주워 입은 외투를 내내 입고 있었습니다. 하지만 외투에 그런 주머니가 있다는 것조차 알지 못했습니다. 어느 날인가 외투에서 못 견디게 불쾌한 냄새가 느껴져서 벗어 들고 이리저리 살펴보기 전까지는 말이죠.

수첩은 다름 아닌 괴물의 아버지, 곧 자신을 창조한 프랑켄슈타인의 것이었습니다. 편지는 제네바란 곳에서 프랑켄슈타인의 약혼녀가 보낸 것이었고요. 수첩에는 생명 창조를 위해 연구한 내용과 실제로 창조 단계에 돌입해서 괴물을 만들어 내기까지의 과정이 상세히 적혀 있었습니다. 그리고 편지에는 프랑켄슈타인을 기다리며 안부를 궁금해하는 약혼녀의 절절한 심정이 빼곡하게 담겨 있었습니다.

"프랑켄슈타인……."

수첩과 편지를 몇 번이나 읽은 뒤 괴물은 벌렁 누워 자신의 창조자의 이름을 읊조렸습니다.

"프랑켄슈타인…… 나의 아버지, 나의 신…… 저주받을 창조자……."

괴물은 궁금했습니다. 프랑켄슈타인이 왜 자기를 만들었는지. 왜 하필이면 이렇게 무섭고 징그러운 모습으로 만들었는지. 그리고 무엇보다 프랑켄슈타인은 도대체 어떤 인간인지.

"신은 자신의 형상을 본떠 인간을 아름답고 매력적으로 만들었다는데, 프랑켄슈타인, 당신은 기껏해야 추잡한 인간의 모습으로 나를 만들었다. 사탄에게는 칭찬해 주고 용기를 줄 동료 악마들이라도 있다. 하지만 나는 철저히 혼자이고 미움을 받는 존재다. 다 당신 덕분이겠지."

그날 괴물은 굳게 다짐했습니다. 언제이건 어디에서건 반드시 프랑켄슈타인을 찾아가 만나리라고.

그렇게 오두막 우리에서 하루하루를 보내는 동안 어느새 계절이 바뀌었습니다. 겨울이 가고 봄이 온 것이죠. 괴물에게 이제 그 정도 자연의 변화는 딱히 특별하지는 않았습니다. 다만 그 법칙이 신기하기는 했습니다. 때가 되면 저절로 날씨가 바뀌고, 그에 따라 세상 풍경이 번갈아 어김없이 바뀌어 버리니까요.

괴물은 겨우내 펠릭스 가족을 도왔습니다. 밤마다 땔감을 해다 주었고, 먹을 게 떨어질 때마다 멀리까지 가서 음식을 구해다 주었습니다. 봄이 올 무렵부터는 몰래 밭을 갈아 주기도 했습니다.

물론 펠릭스네 사람들은 그게 괴물의 짓인 줄은 꿈에도 몰랐습니다. 여전히 요정이 갖다 준 하느님의 선물이라고만 믿었으니까요. 괴물은 그런 그들을 흐뭇하게 지켜보았습니다. 그리고 가끔씩 그 모든 게 자기가 한 일이라는 걸 그들이 알아주었으면 하는 바람을 가지기도 했습니다.

사실 괴물은 이전보다 훨씬 더 외로웠습니다. 어쩌면 그것은 바로 눈앞에 좋은 친구로 삼을 만한 사람들이 있어서였는지도 모릅니다. 날마다 지켜보면서도, 가까이 다가가 말 한마디 건넬 수 없는 괴로운 심정을 누가 알까요?

'무작정 문을 열고 들어가 볼까? 하지만 저들도 사람인데…….'

아무리 착한 이들이라 해도 흉측한 괴물이 갑자기 나타나면 겁먹고 경계할 수밖에 없을 것이었습니다. 다만 노인은 조금 다를 것 같기는 했습니다. 일단 장님이라 괴물의 외모를 보지 못할 테니까요. 사람들이 괴물을 무서워하고 미워하는 건 무엇보다 그 끔찍한 생김새 때문 아니겠습니까?

게다가 노인은 세 식구 가운데서도 가장 현명하고 다정해 보였습니다. 종종 집안의 먹을 것이 떨어져 아들과 딸이 슬퍼할 때면 노인은 언제나 따뜻한 말로 위로했습니다. 어쩌다 손님이 와도 최대한 친절한 태도로 맞고 정성을 다해 대접했습니다.

괴물이 음악이라는 인간의 위대한 문화를 알게 된 것도 노인 덕분이었습니다. 노인은 아들과 딸이 밖에 일하러 나가 혼자 집에 남으면 기타를 꺼내 연주를 하곤 했습니다. 그러면 괴물은 읽고 있던 책을 덮고 우리 바닥에 가만히 누운 채 기타 소리를 감상했습니다.

'정말로 아름답구나. 황홀해……'

아름다움이란 도대체 무엇일까요? 괴물은 문득 궁금해졌습니다. 왜 훌륭한 연주를 들으면 기분이 좋아지고 아름답다고 느끼는 걸까요? 사람들은 왜 자기를 보면 무섭고 징그럽다고 여기는 걸까요?

그 답을 괴물은 아직 찾지 못했습니다. 다만 분명한 건 노인이 연주하는 음악이 비할 데 없이 아름답다는 것이었습니다.

'저렇게 아름다운 연주를 하는 사람은 분명 마음씨도 아름다울 거야.'

봄도 가고 여름이 올 무렵, 괴물은 집 안에 들어가 노인에게 인사를 해 보기로 마음먹었습니다. 그처럼 착하고 친절한 사람이라면, 그렇게 아름다운 음악을 연주하는 사람이라면 자신의 진심을 알아주고 고통을 이해해 줄 게 틀림없었습니다.

하지만 결심을 실행하는 건 쉽지 않았습니다. 잘될 거라는 상상 못지않게 또 한 번 상처를 입고 고통과 슬픔에 시달릴지도 모른다는 걱정 또한 수시로 밀려왔거든요. 특히 물에 비친 자신의 얼굴이나 달빛으로 생긴 그림자를 볼 때마다 괴물의 자신감은 움츠러들었습니다.

그렇게 망설이다 어느덧 긴 여름이 가 버렸습니다. 그리고 짧은 가을도 허무하게 끝난 뒤 다시 겨울이 왔습니다. 처음 그곳에 왔을 때처럼 들판은 황량해졌고 점점 날이 추워졌습니다. 계절이 한 바퀴 돌았으니 벌써 한 해가 지나간 것입니다.

괴물은 여전히 혼자였습니다. 외로움은 점점 깊어지고 친구에 대한 목마름으로 정신은 황폐해져만 갔습니다. 더 이상 견딜 수 없을 지경이 된 어느 날, 괴물은 마침내 우리를 뛰쳐나와 노인이 혼자 있는 오두막 집 문을 두드렸습니다. 기타 연주가 뚝 그치고 약간 겁먹은 노인의 목소리가 들려왔습니다.

"누구시오? 들어오시오."

지금까지 한 번도 들어 본 적 없는 상냥한 목소리였습니다. 괴물은 두근거리는 가슴을 진정시키려 애쓰며 문을 열었습니다.

"이렇게 불쑥 찾아온 걸 용서해 주십시오. 지나가는 나그네인데 쉴 곳을 찾고 있습니다. 잠깐만이라도 여기서 불을 쬐게 해 주신다면 정말 고맙겠습니다."

"그러시구려."

역시 친절한 목소리였습니다. 노인은 들고 있던 기타를 한쪽에 내려놓고 문 쪽으로 귀를 기울였습니다.

"필요한 게 있다면 뭐든 드리고 싶지만 아쉽게도 아이들이 집에 없구려. 보시다시피 나는 앞을 못 보니 음식을 대접할 수도 없고 말이오."

괴물은 눈물이 날 것만 같았지만 입술을 깨물며 간신히 참았습니다.

"신경 쓰지 마십시오. 먹을 것은 저도 있습니다. 잠시 따뜻하게 쉬기만 하면 됩니다."

"그럼 이쪽에 앉아서 불을 쬐시구려."

괴물은 노인 맞은편에 있는 의자에 앉았습니다. 그리고 한동안 침묵이 흘렀습니다. 괴물로서는 일분일초가 소중했지만 어떻게 대화를 시작해야 할지 막막했습니다.

"혹시 프랑스 사람이오? 말투가 내 고향 사투리와 비슷한데……."

다행히 노인이 먼저 입을 열었습니다.

"아, 아닙니다. 제게 말을 가르쳐 주신 분들이 프랑스인이어서요."

"그렇군요. 한데 이 추운 날 어디로 가시는지?"

"그러니까 그게…… 실은 친구를 찾아 나선 길입니다. 그 사람은, 아니 그분은 제가 진심으로 존경하고 사랑하는 분입니다. 그분에게 제 소중한 친구가 되어 달라고 부탁을 하려고요."

"그렇군요. 친구는 정말 소중하지요. 사람은 친구가 없이는 사람답게 살 수 없어요."

노인의 말에 괴물은 더 이상 참지 못하고 눈물을 흘리고 말았습니다.

"저는 버림받은 불행한 존재입니다. 돌봐 줄 부모나 친척도 없고 세상의 그 누구도 저와 친구가 되려 하지 않지요. 그래서 제가 찾아가는 그분이 부탁을 거절하면 영원히 혼자 살게 될까 봐 두렵습니다."

"절망하지 마시오. 그 사람이 누군지는 모르겠지만 당신의 부탁을 매정하게 거절하진 않을 것이오. 사람은 누구나 많든 적든 동정심과 박애 정신을 마음속에 품고 있게 마련이라오."

"정말로 그럴까요?"

"그렇고말고요. 그런데 그분이 사는 곳이 어디라고 했소?"

"바로 이 근처입니다."

"이 근처?"

노인은 약간 놀란 듯 고개를 위로 휙 쳐들었습니다.

"이름은 무엇이오?"

괴물은 잠시 멈칫했습니다. 드디어 결단의 순간이 온 것 같았습니다. 괴물은 의자에서 일어나 솥뚜껑 같은 손으로 노인의 두 손을 덥석 잡았습니다. 그리고 흐느끼며 말했습니다.

"제가 말씀드린 친구는 바로 어르신입니다. 부디 저를 버리지 마시고 친구로 받아 주세요."

노인은 기겁을 하며 소리를 질렀습니다.

"에구머니! 당신은 도대체 누구요?"

"저는 외롭고 불쌍한 사람입니다. 제발 도와주세요."

바로 그때, 밖에 나갔던 노인의 아들과 딸이 들어왔습니다. 그들은 방 안의 광경에 경악을 했습니다. 아가사는 충격과 공포로 정신을 잃어 버렸고, 펠릭스는 쏜살같이 달려와 괴물을 밀쳤습니다.

"이 악마 같은 놈! 당장 꺼지지 못할까!"

펠릭스는 긴 난로 부젓가락을 들고 얼이 빠져 방바닥에 주저앉은 괴물을 사정없이 때리고 찔러 댔습니다.

괴물은 절뚝거리며 정신없이 밖으로 뛰쳐나갔습니다. 갑작스런 매질로 온몸이 욱신거렸습니다. 하지만 마음의 고통에 비하면 그건 아무것도 아니었습니다. 찢어진 이마에서 피가 흘러내리고 눈에서는 서러운 눈물이 솟구쳤습니다.

"우어어어!"

우리로 돌아온 괴물은 밤새 소리 내어 울었습니다. 깔고 엎드린 짚단이 눈물로 흥건히 젖었지만, 이제 그건 슬픔의 눈물이 아니었습니다. 괴물은 복수를 다짐했습니다. 자신의 진심을 알아주지 않는 동정심 없는 인간들을 향해, 아무 죄 없는 자신에게 이처럼 고통스런 운명을 선사한 사악한 창조자를 향해.

괴물의 질문

"그래서 복수를 했는가?"

플라톤 영감이 한숨을 푹 내쉬고 물었습니다. 괴물은 고개를 떨구고 한참 동안 방바닥을 노려보고 있었습니다.

"물론이오."

"어떻게?"

"오두막에 불을 질러 다 태워 버렸소."

"뭐, 뭐라고?"

"활활 아주 잘 타더구먼. 아름답게 치솟는 불길 앞에서 나는 미친 듯이 춤을 추었소. 소리 높여 웃고, 인간 족속과 나의 창조자를 저주하였소."

"펠릭스 가족은?"

"그 인간들은 그전에 어디론가 떠나가 버렸소. 뭐 잘된 거지. 내 눈앞에 계속 보였으면 필시 갈가리 찢어 버렸을 테니."

내가 그동안 못 먹고 못 입고 얼마나 정성을 쏟았는데...

화르르

부들부들

그때를 생각하면
아직도 분이 안 풀리오!

"휴우……."

플라톤 영감은 다시 한 번 한숨을 내쉬었습니다.

"그들을 너무 미워하진 말게. 입장 바꿔 놓고 생각해 보면 충분히 이해할 만한 상황이니."

"영감이나 이해하시오. 나는 죽어도 이해하지 못할 거고 이해할 마음도 없으니까."

괴물이 플라톤 영감을 노려보며 말했습니다. 아직도 분이 가시지 않은 듯 괴물의 눈빛은 마치 태양처럼 이글이글 타올랐습니다.

"이봐 괴물, 프랑켄슈타인은 아직도 못 찾았나?"

"그렇소."

"설마 포기한 건 아닐 테고, 찾다 말고 왜 나를 찾아온 거지?"

"그거야……."

"그거야?"

전짜 플라톤 맞아?

　플라톤 영감은 괴물의 눈을 빤히 쳐다보았습니다. 그 눈빛은 마치 난 네 속을 다 알고 있다고 말하는 듯했습니다.

　"묻고 싶은 게 좀 있어서……."

　"묻고 싶은 거? 오, 그랬군."

　순간, 플라톤 영감의 얼굴에 살짝 웃음기가 나타났다 사라졌습니다.

　"그래 묻고 싶은 게 뭐지? 지난번에 그렇게 화를 내고 가서 다시는 못 만날 줄 알았거든? 그런데 이렇게 제 발로 찾아온 걸 보면 엄청 궁금한 게 있는 거 같은데……."

　"그보다……."

　"그보다?"

　"당신 진짜 플라톤이오?"

　이번에는 괴물이 플라톤 영감의 눈을 뚫어져라 쳐다보았습니다.

　"그렇다고 했잖아."

"소크라테스의 제자이자 아리스토텔레스의 스승으로 이데아론에 바탕한 철학 사상을 수립하여 서양 문명의 철학적 기초를 다진 그 플라톤이 바로 당신이란 말이오?"

"물론이지. 기원전 오 세기에 태어나 기원전 삼백팔십칠 년에 아카데메이아라는 학교를 세우고 철학자 정치를 주창한 플라톤이 바로 나일세."

"이성적으로 판단해서 그게 말이 된다고 생각하시오?"

"물론 말이 안 된다고 생각하지. 하지만 난 분명 플라톤인걸? 나는 태어나서 지금까지 플라톤이 아닌 적이 단 한 번도 없었다고."

괴물은 어이가 없다는 듯 입을 못 다물고 멍하니 플라톤을 바라보았습니다.

"그럼 자네가 정말로 궁금한 게 뭔지 좀 들어 볼까?"

괴물은 손으로 얼굴을 한 번 쓰다듬은 뒤 창밖을 내다보았습니다. 한

이건 끔찍한 악몽이야

흑흑

이 모든 것이 꿈일지도 몰라…
깨고 나면 진짜 현실로 되돌아가는…

달 전과 마찬가지로 호수는 여전히 얼어붙어 있었고, 그 건너편으로 하얗게 눈이 덮인 뾰족한 산봉우리들이 보였습니다.

"지난번에 당신은 내게 괴물인지 인간인지 궁금하지 않느냐고 물었소. 내 괴로움은 그걸 알 수 없다는 데서 비롯된 거 아니냐면서."

"그랬지."

"그땐 그냥 가 버렸지만, 사실 그건 내가 세상에 나오자마자 품게 된 의문이었소."

"생각이란 걸 할 줄 아는 존재라면 누구나 자신의 본질이나 정체성을 따져 보지 않을 수 없지. 하물며 자네 같은 괴물이라면……."

"처음에 나는 나 자신이 무엇인지 생각할 겨를도 없었소. 그저 짐승 같은 본능을 따르기에 급급했을 뿐."

"그랬을 테지. 단순히 감각에 의지하여 배고프면 밥 먹고 추우면 옷 입고 졸리면 잤겠지. 아무 생각도 없이."

꿈이라고?
오호~
그렇게 믿고 싶은 건 아니고?

"그런데 어느 때부터인가 나를 둘러싼 이 세계는 무엇인지 고민을 하게 됐소. 물론 아르케 따위를 생각한 건 아니고⋯⋯."

"아니고?"

플라톤 영감은 눈을 반짝이며 괴물 쪽으로 몸을 살짝 숙였습니다.

"당신의 말처럼 아무것도 없다가 어느 날 눈을 뜨니 느닷없이 나타난 이 세계, 그리고 그 속에 강제로 던져진 나⋯⋯."

"흠."

"가끔은 이런 생각도 해 보았소."

"어떤?"

"그러니까 이 모든 게 꿈은 아닐까. 깨고 나면 꿈이 참 생생하기도 하다, 이러면서 진짜 현실로 되돌아가는 건 아닐까⋯⋯."

"호오."

플라톤 영감은 다시 자세를 바로잡고 턱수염을 쓰다듬었습니다.

"꿈이라……. 누구나 할 수 있는 상상이긴 해. 자네도 이젠 알겠지만 저 멀리 중국에 장자라는 사람이 있었어. 지금도 살아 있다고 치면 나보다 한 백 살 어릴 텐데, 호접몽, 그러니까 호랑나비 꿈으로 유명하지."

"호랑나비 꿈?"

"그 친구가 어느 날 시원한 나무 그늘 아래에 누워 있다 깜빡 잠들었는데 그사이에 꿈을 꾼 거야. 자기가 호랑나비가 된 꿈. 호랑나비가 되어 이 꽃 저 꽃 날아다니고 다른 나비와 어울려 놀고 했다는 거지. 그러다 문득 잠에서 깼는데 자기가 호랑나비인지 사람인지 잘 모르겠다고 했다나 어쨌다나."

"그게 뭔 소리요?"

"말하자면, 자기가 인간으로서 호랑나비가 된 꿈을 꾸었는지, 아니면 호랑나비로서 인간이 되는 꿈을 꾸었는지 헷갈렸다는 얘기지."

"아……."

괴물은 깊이 공감을 한다는 듯 고개를 끄덕거렸습니다.

"그렇군. 아마 나도 바로 그런 기분이었을 것 같소. 잘 기억은 안 나
지만 뭔가 다른 세계에서 다른 존재로 사는 꿈을 몇 번 꾸어 본 것도 같
고……."

"한데 그건 사실 말이 안 돼. 왜 그런지 알겠나?"

"이제는 알 것도 같소."

"오 그래?"

플라톤 영감이 짐짓 놀란 표정을 지었습니다.

"꿈은 아무리 생생해도 깨고 나면, 아 이건 꿈이구나, 하는 느낌 혹은
확신이 들지 않겠소? 그 반대의 경우는 거의 없고."

"하지만 가끔은 그런 확신조차 잘 안 들 정도로 생생한 꿈도 있던
데?"

"설사 그런 꿈이 있다 치더라도……."

그게 바로 철학이네.
이 세계가 무엇이고,
자신의 존재에 대해 궁금해하는…
이제야 내 말을 좀 알겠나?

"있다 치더라도?"

"현실처럼 지속적이지는 않지 않겠소? 꿈은, 마치 현실처럼 생생하고 오래 계속된다 해도 결국은 깨서 잠들기 전의 상황으로 되돌아오니까……."

"일리가 있군."

"게다가 꿈은 현실처럼 일관되지도 않소. 이를테면 설령 호랑나비가 된 꿈을 생생하게 그리고 오래 꾼다 해도 다음번에 다시 그 상황이 논리적으로 이어지는 경우는 거의 없다는 거요."

"호오, 그럼 자네의 결론은 꿈은 꿈이고 현실은 현실일 뿐이라는 거군."

"그렇소. 적어도 이 현실은 꿈이 아니고, 따라서 내가 꿈을 꾸고 있는 건 아니라고 생각하오."

플라톤 영감은 자기도 모르게 고개를 끄덕거렸습니다.

이젠 질문도 제대로
못 알아듣는구면~

"아무튼, 그렇다면 자네가 내게 묻고 싶다는 건 결국 이 현실, 그러니까 꿈도 아니면서, 자네 눈앞에 어느 날 불쑥 나타난 이 세계가 무엇인지, 그리고 거기에서 고통받고 방황하는 나는 무엇인가, 이거구먼."

괴물은 잠시 뜸을 들인 뒤 대꾸했습니다.

"바로 그렇소."

그러고는 길게 한숨을 내쉬었습니다.

"하지만 그건 당신도 대답할 수 없을 거요. 설사 진짜 플라톤이라 해도……."

"설사가 아니라 진짜 플라톤 맞다니까!"

플라톤 영감이 답답하다는 듯이 언성을 높였습니다.

"물론, 그 문제에 대해서는 나도 속 시원히 답을 줄 수 없긴 하지."

"아무리 과학이 발달해도, 아무리 철학자들이 머리 싸매고 궁리해도 그 문제는 끝내 풀리지 않을 거요. 이런저런 추측과 망상만 있을 뿐."

나는 생각한다
고로
존재한다

"추측과 망상이라……."

"이 세계의 본질을 탐구하려고 애쓰는 모든 철학이며 과학적 사고는 언젠가 반드시 넘을 수 없는 거대한 벽에 부딪치고 말 거요."

"그런 면이 있지. 종교가 그래서 여전히 번창하는 것이고."

"맞소. 인간들은 그런 절망적인 상황에 맞닥뜨리면 대개 신에 의지하더군. 전지전능한 절대자가 모든 걸 자기 뜻대로 다 만들고 움직인다고 믿으면 풀지 못할 문제 따위 없을 테니까."

"혹시 데카르트나 칸트에 대해 알고 있나? 그들은 인간의 정신을 신과 종교의 굴레에서 벗어나게 해 주었다네. 말하자면 중세의 낡고 좁은 울타리에 갇혀 있던 사람들이 그 바깥 세계를 생각하게 만들어 준 거지."

괴물은 손으로 턱을 괸 채 플라톤 영감의 말에 귀를 기울였습니다. 이야기에 몰입한 듯, 어느새 눈빛이 조금 누그러져 있었습니다.

저 말뜻이 무엇인지 아나?
데카르트는 인간은 신의 뜻 때문이 아니라
스스로 생각할 수 있는 존재라고 생각했어.
그전에는 정말 상상도 못할 일이었지.

생각이 아니라
걱정이 많아
보이는데…

"그들은 신이 아닌 인간을 중심에 놓고 세계를 생각했어. 자유롭게 생각하고 탐구하는 존재인 인간 말이야. 그 이전 시대에는 감히 그런 생각을 할 수가 없었지."

신이 난 듯, 플라톤 영감의 목소리는 점점 커졌습니다.

"가령 데카르트는 모든 걸 의심하고 나서 '나는 생각한다. 그러므로 존재한다'는 명제가 가장 확실한 지식이라고 했거든? 그런데 대체 무슨 소리일까? 그 명제 말이야. 혹시 알고 있나?"

"그거야…… 그……."

플라톤 영감은 한 손으로 수염을 쓰다듬으며 씩 웃었습니다.

"그건 아마 이런 뜻일 게야. 내가 생각하고 의심하고 있는 걸로 보아 나는 분명히 여기 있다."

"그게 대체 무슨 소리요?"

"그러니까 내가 인간인 것은 신의 뜻 때문이 아니라 나 자신이 생각

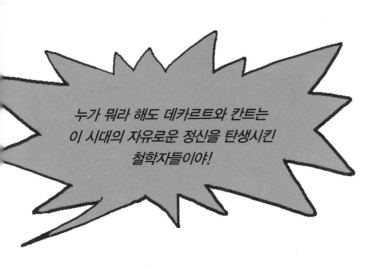

누가 뭐라 해도 데카르트와 칸트는
이 시대의 자유로운 정신을 탄생시킨
철학자들이야!

하고 의심하기 때문이다, 이렇게 해석해도 되겠지?"

플라톤 영감의 표정은 이제 의기양양했습니다.

"감히 그런 생각을 할 생각조차 못 했던 중세에 비하면 그건 놀라운 변화이고 진보라고 할 수 있어. 신의 자리에 인간의 정신이 들어간 셈이니까."

괴물은 여전히 턱을 괸 채 묵묵히 듣기만 했습니다.

"그리고 그 인간의 정신이 스스로 신과 세계를 생각하는 거지. 신의 뜻과 상관없이. 이렇게 인간을 앞세운 건 칸트도 마찬가지야."

어느덧 오두막은 어둑어둑해지기 시작했습니다. 하지만 한번 치솟은 플라톤 영감의 목소리는 가라앉을 줄 몰랐습니다.

"요컨대 데카르트나 칸트나 지금 이 시대의 자유로운 정신을 탄생시키는 데 큰 공을 세운 사람들이지."

"그래서 어떻단 말이오?"

그래서 어쩌란 말이오?
그게 나랑 무슨 상관이냔 말이오?

오랜만에 괴물이 입을 열었습니다.

"자네 말대로 세계와 인간을 탐구하려는 인간의 노력은 번번이 거대한 벽에 부딪쳐 좌절되곤 하지. 하지만 인간은 그렇다고 거기에 주저앉아 신만 찾지는 않아. 데카르트와 칸트를 보면 알겠지만."

"그런가?"

"인류는 포기를 모르는 종족이라네. 그들은 수천 년 동안 끈질기게 세계를 탐구하고 세계를 변화시켰지. 그러면서 자신들까지 변화시켰고."

"당신은 인간을 너무 과대평가하는군."

"그럴지도 모르지. 하지만 인간의 역사를 한번 보라고. 그건 인간이 무수한 고난과 실패 속에서 자기를 둘러싼 험난한 한계들을 하나둘 뛰어 넘어온 기록이라고 해도 지나치지 않거든? 적어도 그 점에서 인간은 참으로 위대하다고 할 수 있지."

그럼,
난...
인간이오?
아니오?

괴물은 잠시 생각에 잠겼습니다. 유리창으로 들어온 노을빛이 괴물의 거친 뺨과 굵은 목덜미를 불그스름하게 물들였습니다.

"위대하지. 그러니 감히 생명을, 그것도 인간을 닮은 생명체를 만들어 냈겠지……."

플라톤 영감은 흠칫하면서 새삼 괴물의 얼굴을 바라보았습니다. 괴물은 슬픔과 분노와 원망이 한데 뒤섞여 있는 듯한 복잡한 표정을 짓고 있었습니다.

"그, 그렇지. 눈부신 과학의 발전이야말로 인간의 위대함을……."

"그런데 말이오."

괴물이 플라톤 영감의 말을 끊었습니다.

"나도 그 위대한 인간 종족에 속하는 거요?"

"응?"

갑작스러운 질문에 플라톤 영감은 조금 당황한 듯했습니다. 하지만

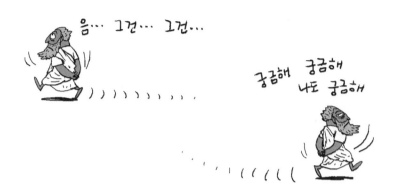

최고의 철학자답게 곧 침착함을 되찾았습니다.

"사실 자네가 그런 질문을 할 거라고 미리 짐작했었네."

"대단하시구려. 그럼 얼른 답 좀 해 주시오. 나의 본질은 인간이오, 아니오?"

"흠……."

"예상한 질문이면 미리 준비한 답도 있을 텐데?"

"그렇긴 한데……."

딱히 준비한 답이 없는 걸까요? 플라톤 영감은 턱수염을 어루만지며 한동안 천장을 올려다보았습니다.

"사실은 나도 궁금해. 인간이란 도대체 무엇일까? 그리고 자네는 인간일까? 아니면 새롭게 창조된 다른 종류의 생물일까?"

난감한 듯, 플라톤 영감은 머리를 긁적이고 괴물은 꼼짝도 않고 그걸 지켜보았습니다.

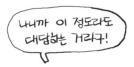

그러니까… 그건…
인간의 본질을 어떻게 보느냐에 따라
달라지지 않을까?

"분명한 건 자네는 어쨌든 인간을 닮았다는 거야. 머리, 손발, 얼굴, 그리고 생각하는 능력까지. 한데 또 닮지 않은 점도 있지. 인간 사회에 자네처럼 생긴 존재는 없어. 엄청난 키, 마치 파충류처럼 푸르뎅뎅한 낯빛, 짐승 울음소리 같은 목소리까지. 게다가 자네는 사람처럼 어머니 배 속에서 나오지 않았지."

"그래서 인간이라는 거요, 아니라는 거요?"

"글쎄, 인간이면서 인간이 아닌 존재라고 해야 하나."

"그건 하나 마나 한 소리 아니오?"

"우리가 인간의 본질을 어떻게 파악하느냐에 따라 답이 달라질 수도 있을 거야. 가령 생각하는 능력, 곧 이성을 인간의 본질이라고 하면 자네도 어쨌든 인간이라 할 수 있지 않을까? 하지만 거기에 다른 조건, 예를 들면 인간인 부모에게서 태어나야 한다는 따위의 조건이 붙으면 자네는 인간이 아닌 게 되겠지. 자네는 어느 과학자가 발명한 거잖아?"

위대한 철학자라고 인정받는
당신에게조차 내 존재는
그렇게 어려운 것이오?

"나는 당신의 의견을 듣고 싶은 거요."

"내 의견? 글쎄, 실은 나도 잘 모르겠어. 억지로 규정을 하면 사람 같지 않은 사람? 아까하고 똑같은 소린가?"

"실망이로군. 가장 위대한 철학자를 자칭하는 사람이 그딴 말밖에 못하다니."

"미안하네, 친구. 하지만 아무리 플라톤이라도 그 이상은 힘들어."

해가 산 저편으로 떨어졌는지, 어느덧 방 안이 어둑어둑해지자 플라톤 영감은 자리에서 일어나 방 안 곳곳에 놓인 초에 불을 붙였습니다.

"나 같으면 말이야, 그냥 인간과 다른 종류의 생물로 생각하고 말겠어. 그리고 내 감각과 이성으로 세계를 인식하고 나만의 세계를 만들어 나가는 거지. 물론 그건 자네 혼자의 힘만으로는 안 되겠지만."

"그건 무슨 소리요?"

"칸트의 말대로, 어쩌면 사람은 자기의 이성, 곧 타고난 정신의 능력

으로 자기들만의 세계를 만드는지도 몰라."

"순수 이성 말이로군."

"그렇지. 다른 말로 선천적 인식 능력이지. 감각 기관을 통해 얻는 감각 정보로 태어날 때부터 가지고 있는 생각의 틀에 세계를 짜 맞춘다는 거지."

"그러니까 우리 눈에 보이는 세계는 결국 인간 스스로 만든 거라는 거 아뇨?"

"맞아. 사실 그건 다른 동물들도 마찬가지야. 물고기는 물고기의 눈으로 세계를 인식하고, 시력이 거의 없는 두더지는 다른 감각으로 자기만의 세계를 구성하겠지. 한번 생각해 보라고, 포유동물이나 물고기나 곤충이 지각하는 세계는 인간이 인식하는 세계와 같을까?"

"그럴 리가 있겠소!"

"전혀 안 그렇겠지. 감각 기관이 다르고 생각하는 능력도 모두 다를

테니까."

"흥, 나름 대단한 발전이긴 하군."

가소롭다는 듯, 괴물이 콧방귀를 뀌며 말했습니다.

"뭐 그렇지. 신이 세계를 창조하고 모든 걸 움직인다고 믿던 시절에 비하면 말이야. 칸트 스스로 코페르니쿠스적인 전환이라고 부르며 뿌듯해한 것도 그래서이겠고."

"그러니 인간과 다른 종류인 나도 나만의 세계를 구성하고 거기에 적응해 살라는 거요?"

"그렇지. 다만 그건 잘 모르겠어. 자네의 감각 기관과 이성이 사람과 어떻게, 얼마나 다른지."

괴물은 잠시 아무 말도 하지 않았습니다.

"그런데 이봐, 묻고 싶은 건 결국 이거였나? 자네가 인간인가, 아닌가?"

“꼭 그렇지는 않소. 그건 어차피 누구도 답을 못해 줄 거라고 나도 생각했소. 그래서…….”

“그래서?”

“그 문제는 내버려 두고, 과연 내가 인간 사회에서 계속 인간처럼 살아야 하는지 물어보고 싶었소. 말하자면 인간 무리의 하나로서 인간의 문화며 관습, 도덕, 법 같은 걸 따라야 하나, 아니면 내 처지에 맞는 다른 가치와 규범을 정하고 그것을 따라야 하나, 이런 거였소.”

“어차피 비슷한 문제였구먼. 내가 적절한 답을 해 줄 수 없는 것도 마찬가지고. 인간이 과연 무엇인지, 자네가 어떤 존재인지는 그 누구도 정확히…….”

“잘 들었소!”

플라톤 영감의 말이 채 끝나기도 전에 괴물이 벌떡 일어났습니다.

“벌써 가려고?”

"용건을 마쳤으니 가야 하지 않겠소."

"날도 저물었는데 여기서 저녁 먹고 하룻밤 자고 가지?"

"고맙지만 사양하겠소."

괴물은 성큼성큼 걸어가 문을 휙 열고 차가운 어둠 속으로 사라졌습니다. 그 틈에 찬바람이 들어와 방 안의 촛불들이 정신 사납게 춤을 추었습니다. 플라톤 영감은 아무 말 없이 그저 서 있었습니다. 팔짱을 낀채, 거무스름한 유리창에 비친 자기 모습을 바라보면서 말이죠.

잇따른 비극

　제네바의 고향 집은 모든 게 엉망이었습니다. 충격적인 사건 때문인지 우울한 기운이 온통 집안을 뒤덮고 있었고, 마치 아무도 일을 안 하는 것처럼 어수선하기만 했습니다.

　"어서 오너라, 빅터. 윌리엄이 살아 있었으면 얼마나 반가워했겠니."

　바짝 늙어 버린 아버지는 프랑켄슈타인을 보자마자 끌어안고 서럽게 눈물을 흘렸습니다. 동생 에른스트도 눈물을 글썽거렸습니다.

　"형이 조금만 더 일찍 왔으면 이런 일은 없었을 텐데……."

　프랑켄슈타인은 아버지와 동생 앞에서 차마 얼굴을 들 수 없었습니다. 모든 게 자기 잘못인 것만 같았거든요.

　"죄송해요, 아버지. 정말 미안하다, 에른스트."

　아버지의 슬픈 편지가 전달된 건 프랑켄슈타인이 병에서 거의 다 회복한 오 월 어느 날이었습니다.

　"아아, 윌리엄!"

프랑켄슈타인은 편지를 다 읽기도 전에 흐느껴 울었습니다.

"왜 그래? 무슨 일이야, 빅터!"

앙리가 깜짝 놀라 프랑켄슈타인의 손에서 편지를 낚아챘습니다.

"세상에! 윌리엄이 살해당하다니! 그 어린것이!"

앙리도 충격을 받은 듯 이마에 손을 짚고 쓰러지듯 벽에 기댔습니다. 그리고 소리 없이 흐느꼈습니다.

"무슨 말을 해도 위로가 안 되겠구나. 돌이킬 수 없는 불행을 당했으니."

"앙리, 당장 제네바로 가야겠어. 가서 말을 준비하자."

다음 날, 프랑켄슈타인은 제네바로 가는 마차에 몸을 실었습니다. 그리고 며칠 후 고향 집에 도착했습니다.

가장 걱정스러운 건 엘리자베스의 건강이었습니다. 엘리자베스는 실신을 할 정도로 충격을 받았다고 했습니다. 윌리엄의 죽음을 자기 탓으로 돌리며 죽을 만큼 고통스러워했고요. 몇 년 전에 어머니도 돌아가신 터라, 이제 엘리자베스를 위로해 줄 사람은 프랑켄슈타인밖에 없는 터였습니다.

"에른스트, 엘리자베스 누나는 어떠니?"

"곧 나올 거야. 하루 종일 침대에 누워 있었거든. 울기만 하고 말이야. 하지만 살인자가 밝혀진 뒤로는……."

"살인자가 밝혀졌다고?"

"응. 놀라지 마. 범인은 저스틴 모리츠래."

"뭐라고? 설마 그럴 리가……."

그럴 리가 없었습니다. 프랑켄슈타인은 이미 범인이 누구인지 알고 있었거든요. 심지어 그 범인과 마주치기까지 했습니다.

어제, 그러니까 제네바 성곽에 도착한 날 밤의 일이었습니다. 이미 해가 지고 시간이 꽤 지난 터라 성문은 굳게 닫혀 있었습니다. 할 수 없이 집에는 다음 날에 들어가기로 하고, 먼저 윌리엄이 살해당했다는 곳에 가 보았습니다.

'이곳에서 네가 죽었구나. 불쌍한 녀석…….'

그곳은 성 밖의 플랭팔레란 곳이었습니다. 유난히 날씨가 좋았던 그날, 아버지와 엘리자베스, 그리고 두 남동생은 모처럼 소풍을 나왔습니다. 에른스트와 윌리엄은 가족과 떨어져서 신나게 뛰어다녔는데, 날이 저물어 집에 갈 때가 되어도 윌리엄이 돌아오지 않았습니다. 그리고 새벽 다섯 시가 돼서야 주검으로 발견되었습니다.

마침 폭풍우가 다가오고 있었습니다. 우르르 쾅쾅 천둥 번개가 치고 빗방울이 떨어지기 시작했습니다. 프랑켄슈타인은 슬픔에 복받쳐서 하늘을 향해 외쳤습니다.

"윌리엄, 사랑하는 동생아, 이게 너의 장례식이다! 부디 하늘나라에서는 행복하렴!"

그 끔찍한 창조물을 본 건 다시 한 번 번개가 쳤을 때였습니다. 주위가 환해지면서 바로 앞 덤불에서 그놈이 튀어나온 것입니다. 거대한 체구와 흉측한 얼굴, 그건 틀림없이 프랑켄슈타인이 생명을 준 그 괴물이었습니다.

"윌리엄을 죽인 건 바로 네놈이구나!"

프랑켄슈타인은 확신에 차서 자기도 모르게 소리를 질렀습니다. 순간 바로 앞으로 뭔가 획 지나갔습니다. 하지만 그뿐이었습니다. 다시 한 번 번개가 쳤을 때, 보이는 건 검게 치솟은 산봉우리와 어수선하게 우거진 수풀뿐이었습니다.

"빅터!"

괴물의 소름 끼치는 얼굴을 떠올리는 사이, 엘리자베스가 거실로 내려왔습니다.

"엘리자베스!"

자그마치 육 년 만의 만남이었습니다. 두 사람은 껴안은 채 한동안 아무 말도 하지 못했습니다. 얼마 후 먼저 입을 연 건 프랑켄슈타인이었습니다.

"너무 걱정하지 마, 엘리자베스. 난 누가 범인인지 알 것 같아."

"저스틴은 아니야! 아니라고!"

"알아, 엘리자베스. 저스틴은 범인이 아니야."

프랑켄슈타인은 엘리자베스를 달래며 다시 한 번 꼭 안았습니다.

"그 아이가 그럴 리가 없지……."

저스틴 모리츠는 열여섯 살 소녀였습니다. 가난한 집에서 태어나 고 아가 된 뒤 프랑켄슈타인 집안에 들어와 하녀 일을 해 왔습니다.

프랑켄슈타인 가족들은 저스틴을 가족처럼 대했습니다. 특히 어머니 는 저스틴에게 훌륭한 교육을 시켜 주기도 했습니다. 저스틴도 그런 어 머니를 존경하며 따랐고, 다른 가족들과도 마음을 터놓고 지냈습니다. 게다가 어린 윌리엄을 얼마나 사랑했는지 모릅니다.

그런 저스틴이 윌리엄을 죽이다니요? 프랑켄슈타인은 괴물이 범인 임에 틀림없다고 생각했습니다. 플라톤 영감에게서 괴물 이야기를 듣 는 순간부터 시달렸던 불길한 예감이 현실이 돼 버린 것이었지요.

"잠깐, 범인이 누군지 안다고? 그게 누구지?"

"아직은 말할 수 없어. 분명한 건 저스틴은 결백하다는 거야."

"왜 말을 못 해? 내일 재판이 열리니 거기서 밝혀 줘. 제발, 빅터."

하지만 그럴 수는 없었습니다. 어떻게 자기 손으로 만든 괴물이 범행 을 저지른 거라고 밝힐 수가 있을까요. 어떻게 하느님에게 도전하여 인 류를 위협할 위험한 생물을 만들어 냈다고 고백할 수 있을까요. 게다가 사람들은 그런 고백을 미친 사람의 헛소리쯤으로 여길 것이 틀림없었 습니다.

"그래. 일단 재판을 지켜보자."

재판은 다음 날 오전 열한 시에 시작되었습니다. 법정에는 마을 주민 들이 잔뜩 몰려와 재판 분위기는 시장 바닥처럼 어수선했습니다. 모두가 저스틴의 유죄를 확신하고 있는 것처럼 흥분해 있었습니다. 심지어 어떤 이들은 재판이 시작도 되기 전에 광분하여 고함을 지르기도 했습니다.

"재판 같은 거 필요 없다. 당장 죽여라!"

"저 여자애는 마녀다. 화형시켜야 한다!"

재판이 시작되었습니다. 저스틴의 혐의가 낭독되었고, 증인들이 줄줄이 나와서 증언했습니다. 모두가 저스틴에게 불리한 것이었습니다. 윌리엄이 없어진 날 저스틴은 밤새 집에 없었고, 새벽에 어떤 사람과 우연히 마주쳤는데 그곳은 바로 윌리엄이 살해된 장소와 가까운 거리였습니다.

가장 결정적인 증거는 아침이 돼서야 돌아온 저스틴의 옷에서 윌리엄이 걸고 있던 목걸이가 발견됐다는 사실이었습니다. 그 목걸이는 엘리자베스가 윌리엄이 사라지기 한 시간 전에 직접 걸어 준 것이었습니다.

저스틴이 자기를 변호하기 위해 불려 나왔습니다. 저스틴은 눈물을 애써 참으며 힘겹게 결백을 주장했습니다.

"제가 얼마나 결백한지 하느님은 아실 거예요. 판사님께 부탁드립니다. 제발 저의 억울한 누명을 벗겨 주세요."

저스틴의 말에 따르면 그날 저녁에 집에 없었던 건 제네바 근교에 있는 아는 사람 집에 놀러 갔기 때문이었습니다. 물론 미리 엘리자베스에게 허락을 받았고요. 집으로 오는 길에 우연히 윌리엄이 사라졌다는 소식을 듣고 몇 시간 동안이나 찾아다녔습니다.

새벽이 되어서야 성 안으로 들어온 건 그사이에 성문이 닫혀 버렸기 때문이었습니다. 저스틴은 평소 알고 지내던 사람의 집 헛간에 살짝 들어가서 잠을 잤습니다. 그러다 무슨 소리엔가 놀라서 깼다는 것이었습니다.

하지만 목걸이에 대해서는 해명을 하지 못했습니다.

"하느님께 맹세코 저는 모릅니다. 왜 그 목걸이가 제 옷 주머니에 있었는지. 어쩌면 살인범이 제게 죄를 뒤집어씌우려고 그랬는지도 모릅니다. 하지만 전 아무것도 모릅니다."

거기까지 듣고서 프랑켄슈타인은 밖으로 뛰쳐나왔습니다. 분위기로 보아 저스틴이 유죄 선고를 피할 길이 없어 보였습니다. 그럼에도 당장 저스틴을 위해 해 줄 게 하나도 없었습니다. 사실상 자신이 살해범이나 마찬가지였는데도 말이죠.

프랑켄슈타인은 저녁까지 방 안에 틀어박혀 있었습니다. 아무것도 하지 않고, 아무것도 먹지 않았습니다. 재판 소식을 들은 것은 밤이 깊어서였습니다. 재판소에서 늦게 돌아온 아버지는 저스틴이 유죄를 받았다는 것과 함께 충격적인 소식을 전했습니다.

"빅터, 저스틴이 재판이 다 끝나고 자백을 했다는구나. 자기가 죽였다고."

"네? 그럴 리가요."

"이젠 믿기 싫어도 믿어야 할 것 같다. 저스틴이 마지막으로 엘리자베스를 만나고 싶어한다니 같이 가 보거라."

저스틴은 어두침침한 감옥의 짚더미에 앉아 있었습니다. 문을 열고 들어가자, 저스틴은 쓰러지듯 엘리자베스의 발에 엎드려 흐느꼈습니다.

"아가씨는 설마 제가 범인이라고 생각하지 않으시겠지요?"

"저스틴, 난 불과 몇 시간 전까지도 네가 결백하다고 믿었어. 하지만……."

엘리자베스도 흐르는 눈물을 훔치느라 말을 잇지 못했습니다.

"대체 왜 그랬지? 왜 그 불쌍한 어린애를……."

"아가씨도 제가 그랬다고 생각하세요? 아가씨도 나를 짓밟고 살인자로 몰아붙인 사람들과 한편이세요?"

엘리자베스를 올려다보며 울부짖는 저스틴의 얼굴은 절망으로 가득 차 있었습니다.

"난 그 사람들과 한패가 아니야. 난 재판정에서도 네가 무죄라고 믿었고, 유죄를 선고받고 나서도 그랬어. 네가 스스로 죄를 고백했다는 소리를 듣기 전에는 말이야."

"자백은 다 거짓이에요. 자백하면 하느님이 저를 용서할 거라고 생각했어요."

"그게 무슨 소리야, 저스틴!"

엘리자베스가 저스틴의 두 어깨를 잡아 흔들며 소리쳤습니다. 프랑켄슈타인은 엘리자베스 곁에 쪼그리고 앉아 두 사람의 얘기를 듣고 있었습니다.

"고해 신부가 절 얼마나 괴롭혔는지 아세요? 계속 죄를 인정 안 하면 저를 파문할 거라고 했어요. 지옥의 불구덩이에 떨어질 거라고 협박했다고요!"

"뭐라고? 고해 신부가?"

프랑켄슈타인은 말문이 막힌 채 멍하니 저스틴을 바라보았습니다.

"제가 달리 어쩔 수 있었겠어요? 재판이 끝나고 나서 제 편을 들어주는 사람은 단 한 명도 없었어요. 심지어 제 말을 들으려 하는 사람조차 없었어요!"

저스틴은 고개를 들어 피를 토하듯 외쳤습니다. 그리고 두 손으로 얼굴을 가리고 서럽게 흐느꼈습니다.

"저는 거짓 자백을 할 수밖에 없었어요. 저처럼 천하게 태어나 하녀 노릇이나 하는 사람이 죽어서조차 지옥에서 고통을 받아야 한다는 건 얼마나 끔찍한 일인가요?"

"미안해, 저스틴. 내가 너를 지켜 주지 못했구나."

엘리자베스가 다 꺼져 가는 목소리로 중얼거리듯 말했습니다. 두 팔이 축 늘어진 채 허공을 응시하는 엘리자베스의 모습은 마치 넋이 빠져 버린 사람 같았습니다.

"혹시 기억나세요? 언젠가 아가씨가 제게 프랑스 혁명에 관해 말한 적 있었죠. 시민들이 왕을 쫓아내고 민주 공화국을 만들었다고. 모든 사람이 자유롭고 평등하다고 선언하고, 그런 권리를 보장한 법을 제정했다고."

"그랬지."

"하지만 전 한 귀로 듣고 흘려버렸어요. 그게 다 무슨 소용인가 싶었으니까요. 이웃 나라에서 무슨 일이 벌어졌건 말건, 당장 저는 이곳에서 언제까지나 하녀로 살 수밖에 없잖아요?"

"그랬구나."

"그런데 감옥에 갇혀 있는 동안 새삼스럽게 그 얘기가 생각났어요. 저는 곰곰이 생각해 봤어요. 과연 모두에게 평등한 법은 있을까. 지금 내가 이런 수난을 당하는 건 그런 법이 없어서일까……."

"그럴지도 모르지."

역시 기운 없는 목소리로, 이번엔 프랑켄슈타인이 대꾸했습니다.

"맞아요. 그럴지도 몰라요. 하지만 그렇지 않다는 걸 분명히 깨달았어요. 법이 있든 없든, 평등하든 말든 달라지는 건 없을 거예요. 하느님조차 아무 도움도 못 주고 계시잖아요?"

"네가 정말로 무죄라면 하느님이 가만두지 않으실 거야. 저스틴, 포기하지 마. 우리가 구해 줄게."

저스틴은 힘없이 고개를 저었습니다.

"별로 기대하지 않아요. 이미 그 좋다는 법도, 자비로운 교회도 저를 외면한걸요. 저는 변변한 변호사 한 명 못 썼고, 교회 신부님한테는 오히려 협박을 받았어요. 어느 쪽도 저같이 가난하고 천한 사람에게는 관심이 없었어요."

똑바로 허공을 응시하는 저스틴의 눈은 여전히 촉촉이 젖어 있었습니다. 거기에는 슬픔과 분노의 빛이 서려 있었습니다.

"다만 이제 하느님께서 불쌍한 제게 죽음의 두려움과 고통을 이겨 낼 용기라도 주셨으면 좋겠어요. 정말로 하느님이 계신다면 말예요. 저의 마지막 희망은 그것뿐이에요."

"저스틴, 우리를 용서해!"

엘리자베스는 다시 울음을 터뜨렸습니다. 프랑켄슈타인은 고개를 푹 수그린 채 아무 말도 할 수 없었습니다.

"아가씨, 도련님, 저를 만나러 이렇게 와 주셔서 고마워요. 전 두 분을 결코 원망하지 않아요. 제 결백을 믿어 주신 것만으로도 감사할 뿐이에요. 덕분에 조금은 평화롭게 죽음을 맞을 수 있을 것 같아요."

"차라리 너와 함께 죽었으면 좋겠어, 저스틴!"

엘리자베스가 바닥에 주저앉으며 울부짖었습니다. 그런 엘리자베스를 오히려 저스틴이 끌어안고 위로했습니다. 프랑켄슈타인은 양심의 가책과 두려움, 절망으로 만신창이가 된 채 그 슬픈 광경을 묵묵히 지켜보았습니다.

　다음 날, 저스틴은 교수대의 이슬로 사라졌습니다. 사람들은 진실을 밝히고 정의를 실현하는 것보다 자신들의 분노를 힘없는 소녀에게 폭발시키는 데만 관심이 있었습니다. 하지만 하느님도, 법도 그것을 거스르지 못했습니다.

괴물에게는 괴물의 정의?

"법이란 건 원래 그런 거요, 프랑켄슈타인 박사."

느닷없이 귀에 익은 목소리가 들려온 건 배에 올라 막 노를 저으려할 때였습니다. 프랑켄슈타인은 손놀림을 멈추고 고개를 쳐들었습니다. 바로 앞 부둣가에 플라톤 영감이 서 있었습니다.

"오랜만이군요. 여긴 또 어떻게 알고 찾아오셨습니까?"

"당신은 모르겠지만, 실은 나도 이 근처에 살고 있다오."

"그러시군요."

프랑켄슈타인이 다시 양손으로 노를 끌어당기며 시큰둥하게 대꾸했습니다.

"죄송하지만 오늘은 토론을 할 기분이 아니라서."

"저스틴 일은 안됐소. 나도 그날 법정에 있었지만, 그건 정말로 공정하지 못한 재판입니다."

"그날 거기에 계셨다고요?"

인간이 만든 법이 공정하다고 생각하오?

프랑켄슈타인은 깜짝 놀라 되물었습니다.

"그렇소. 아마 당신의 그 괴물도."

"뭐라고요? 그놈도 거기에 있었나요?"

"아 진정하시오, 박사. 괴물도 재판이 어떻게 진행되고 어떤 판결이 났는지 잘 알고 있다는 거요."

"현장에도 없었는데 어떻게 그걸 알 수 있습니까?"

"그야, 내가 자세히 얘기해 줬으니까."

"그렇다면 영감님이 그 악마 놈을 또 만났다는 말씀인가요?"

프랑켄슈타인은 눈이 휘둥그레진 채 몸을 반쯤 일으켰습니다. 예기치 못한 경악으로 가뜩이나 여윈 얼굴이 더욱 흉하게 일그러졌습니다.

"지금 그놈은 어디 있습니까?"

"제발 진정하시오."

"어서 말해 주세요, 영감님!"

"그전에 그 배 좀 태워 주시오. 나도 뱃놀이로 마음 좀 달랩시다."

잠시 어이없다는 표정을 지었지만, 프랑켄슈타인은 배를 부두에 대고 맞은편 자리에 플라톤 영감을 태웠습니다. 두 사람을 태운 배는 곧 넓은 호수 안쪽으로 미끄러져 갔습니다.

"그래, 배를 타면 슬픔이 좀 가라앉습디까?"

기운 없이 노를 젓는 프랑켄슈타인을 보며 플라톤 영감이 말했습니다.

"그럴 리가요. 가만있으면 미칠 것 같아서 이거라도 하는 겁니다."

"그렇구려."

플라톤 영감은 뱃전을 스치는 물살을 잠시 내려다보았습니다. 그리고 살짝 한숨을 내쉬었습니다.

"왠지 윌리엄과 저스틴이 곁에 있다는 느낌이 들기도 하지요. 이렇게 배를 타고 호수 위에 떠 있으면 말입니다."

  그날, 그러니까 저스틴이 떠난 날 이후로 프랑켄슈타인은 꽤나 많은 시간을 이렇게 호수에서 보냈습니다. 밤이고 낮이고 가리지 않았습니다. 마음이 답답할 때는 언제나 뛰쳐나와 배를 타고 노를 저었습니다. 때로는 칠흑 같은 어둠 속에서 노도 팽개친 채 호수 위를 둥둥 떠다니기도 했습니다. 그런 때면 자신이 마치 광대한 우주 속에서 길을 잃고 홀로 방황하는 영혼처럼 느껴졌습니다.

  "심심한 위로를 드리는 바이오. 그리고 다시 한 번 말하지만, 법이란 건, 아니 인간의 법이란 건 다 그런 거요."

  "다 그렇다니요?"

  "불완전하다는 거요. 불완전한 존재인 인간이 만든 것이니 당연히 그럴 수밖에 없지 않겠소?"

  "불완전한 존재가 만든 건 다 불완전한가요?"

  "이성으로, 논리로 판단해 보시오. 불완전한 존재가 완전한 걸 만들

설마 법이 완전하다 생각하오?
저스틴 사건을 보고도?

어 낼 수 있다면 그는 더 이상 불완전한 존재가 아니지 않겠소? 예컨대 당신의 창조물이 불완전한 건 당신이 완전한 존재가 아니기 때문이오."

순간, 프랑켄슈타인은 노 젓기를 멈추고 플라톤 영감을 무섭게 쏘아 봤습니다. 하지만 플라톤 영감은 미동도 하지 않은 채 꿋꿋이 말을 이어 갔습니다.

"동굴 속에서 쇠사슬에 묶여 바위벽만 보는 죄수들이 있다고 생각해 보시오. 그들은 동굴 밖의 태양과 그것이 비추는 사물의 참모습을 알지 못하오. 단지 벽에 비치는 그림자, 곧 어지러운 현상만을 볼 수 있을 뿐."

"하지만 누군가 동굴을 탈출해 참된 세상을 직접 보고 와서 다른 사람에게 전해 줄 수는 있죠. 그 사람들이 바로 철학자이겠고요. 영감님의 '동굴 비유'는 하도 들어서 지겨울 정도입니다."

관심도 없다는 듯 외면을 한 채, 프랑켄슈타인은 다시 힘차게 노를 저었습니다. 물론 그렇다고 굴할 플라톤 영감도 아니었지요.

그럼 법이 불완전하다는 말씀인가요?
오랫동안 그 법에 따라
많은 사람들이 심판받아 왔는데…

"물론 그렇소. 그 철학자들 덕분에 인간은 완전한 것, 곧 이데아를 알아볼 수는 있소. 하지만 그걸 만들 수는 없다오."

"그래서요?"

"법은 정의로워야 하오. 항상 올바른 것이고. 올바르지 않은 법을 법이라고 할 순 없소. 그리고 정의롭기 위해서는 정의의 이데아, 궁극적으로는 선의 이데아를 인식하고 모방해야 하오."

"또 이데아론인가요?"

"설령 사유와 추리를 통해 이데아를 파악할 수 있는 현인들이 정치를 하고 법을 만들었다 해도 그게 완전한 법일 수는 없을 것이오. 단지 그에 가까운 것일 뿐."

"왜 그렇지요?"

"이미 말했듯이 인간은 불완전한 존재니까."

프랑켄슈타인은 픽 웃었습니다.

그러니까 정확히 말하면
법이 불완전한 것이 아니라
법을 만든 인간이
불완전하다고 할 수 있지.

"그래도 아직 웃을 여유는 있구려. 다행이오."

"죄송한 말씀이지만 무려 이천 년 전에 만들어진 이데아 이론이 지금까지 활용된다는 게 좀 황당해서요."

플라톤은 턱수염을 쓰다듬으며 에헴, 헛기침을 한 번 했습니다.

"진리는 아무리 오랜 세월이 흘러도 진리 아니겠소?"

"지난번에도 똑같은 말씀을 하시더니……."

"왜냐면 그게 사실이니까."

"아직도 이데아가 실제로 있다고 믿으시는군요. 사물의 저편에서, 혹은 감각의 세계를 넘어선 다른 곳에서 그것이 존재할 수 있게 해 주는 참되고 영원하다는 실체 말입니다."

"왜 안 그렇겠소."

프랑켄슈타인은 어이가 없다는 듯 고개를 절레절레 흔들었습니다.

"글쎄요. 사실 눈에 보이고 만져지는 것들은 헛것이고, 그에 대한 머

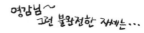

릿속의 관념이 진짜라는 건 상식적으로 말이 안 되지요. 이 눈부신 과학의 시대에 말입니다."

"오호, 눈부신 과학의 시대라……."

"그럼 아닌가요?"

"하기야 인간이 과학의 힘을 빌려 생명 창조의 만용을 부릴 수 있는 시대이긴 하지."

다시 한 번 노 젓기가 멈춰졌습니다. 프랑켄슈타인은 굳은 얼굴로 플라톤을 쳐다보았습니다.

"지금 저를 비꼬시는 건가요?"

플라톤은 황급히 손을 내저었습니다.

"아니, 그게 아니고 그냥, 그만큼 과학이 발달한 시대라는 얘기요."

플라톤은 고개를 돌리고 턱수염을 잡아당기며 딴전을 피웠습니다. 프랑켄슈타인은 그런 플라톤 영감을 한동안 쏘아보다 다시 노를 저었

정의란 무엇이겠소?
그건 각자에게 각자의 몫이
정당하게 돌아가게 하는 것이오.

또
르
르

습니다.

"가만, 그런데 뭔 얘기를 하다 여기까지 왔지?"

"인간의 법은 불완전하다……."

"오 그렇지. 역시 젊은 사람은 기억력이 좋구먼."

"그런데 그게 어쨌다는 말씀입니까?"

"응? 아, 그래, 저스틴 얘기요."

플라톤 영감은 심란한 듯 다시 한 번 한숨을 내쉬었습니다.

"모든 인간의 법이 그렇듯이 제네바 공화국의 법도 불완전한 거요. 충분히 정의롭지 못한 거지."

듣는지 마는지, 프랑켄슈타인은 묵묵히 노만 저었습니다. 노를 당겨 저을 때마다 물살이 부서지며 요란하게 철썩거렸습니다.

"정의란 무엇이겠소. 그건 각자에게 각자의 몫이 돌아가게 하는 것이오. 만약 그것이 완벽하게 이루어진다면 그 사회는 정의의 이데아에 도

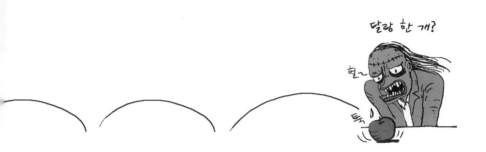

달한 것이라 할 수 있겠소. 하지만 그런 사회는 없다오. 왜냐하면 인간
의 불완전한 법은 정의의 이데아를 흉내 낸 것에 불과하기 때문에."

"그러니 어쩌라는 건가요. 너무 슬퍼하지 말라고요?"

프랑켄슈타인의 표정과 목소리는 시큰둥하기만 했습니다.

"뭐, 그런 셈인가?"

"죄송하지만 아무런 위로도 안 되는군요."

"불완전한 인간, 불완전한 세상, 불완전한 법, 그리고 당신의 불완전
한 창조물. 중요한 건 더 이상 그로 인한 비극은 없어야 한다는 거 아니
겠소?"

"불완전…… 그렇지요. 그놈은 불완전한 창조물이죠. 인간이라 할 수
없고, 그렇다고 짐승이라 할 수도 없는."

배는 이미 호수의 한가운데에 와 있었습니다. 프랑켄슈타인은 더 이
상 노를 젓지 않았습니다. 그 때문에 두 사람을 실은 배는 물결에 따라

괴물에게도 정의가 있을까요?

느릿느릿, 그리고 춤을 추듯 흘러갔습니다.

"문득 궁금해지는군요. 그런 존재에게 합당한 정의는 무엇일지. 인간과 마찬가지로 그 괴물에게도 그만의 몫을 주는 걸까요? 그렇다면 그 괴물이 받아야 할 몫이란 무엇일까요?"

프랑켄슈타인의 목소리는 작고 차분했습니다. 마치 아무도 없는 곳에서 혼잣말이라도 하는 것 같았습니다.

"괴물의 정의와 우리 인간의 정의는 조화로울 수 있을까요? 그러니까 그놈이 받아야 할 몫은 우리가 받아야 할 몫과 같은 걸까요? 그놈에게도 인간과 같은 방식으로 정의가 적용되어야 한다면……."

"인간의 정의가 인간 이외의 존재에게도 정의인 건 아니잖겠소?"

플라톤 영감은 혼자만의 생각에 빠진 프랑켄슈타인에게 들으라는 듯이 카랑카랑한 목소리로 대꾸했습니다.

"예컨대 소나 돼지 같은 동물에게는 각기 자신의 정의가 있을 거요.

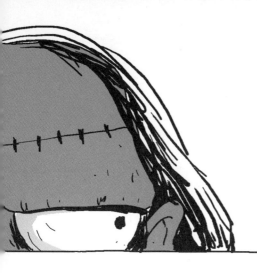

소 돼지에게도 정의가 있다면
괴물에게도 괴물의 정의가 있지 않겠소?

그렇다면 같은 논리로 괴물에게도 괴물의 정의가 있지 않겠소? 적어도 괴물이 우리들 인간과 같은 존재가 아니라면 말이오."

"인간에겐 인간의 정의, 괴물에겐 괴물의 정의라…… 하지만 우리는 인간의 정의조차 제대로 알지 못하는데…… 아, 불쌍한 저스틴."

프랑켄슈타인은 두 손으로 얼굴을 감싸 안았습니다.

"저스틴은 불완전한 인간 법의 희생자라 생각하면 될 것 같소. 그나마 그 법도 한껏 정의에 가깝다고 믿겠지만……."

플라톤 영감은 고개를 돌려 호수 건너편 산봉우리를 올려다보았습니다. 그리고 길게 한숨을 내쉬었습니다.

"안됐지만 역사상 그보다 더 정의로운 법도 별로 없을 것이오. 인간의 그 어떤 법도 이데아의 불완전한 모방일 수밖에 없으니."

두 사람은 한동안 아무 말도 하지 않았습니다. 그 침울한 정적을 깬건 프랑켄슈타인이었습니다.

괴물을 만나면
안부 전해 주게~

이제 끝이 보이는구먼…
피할 수 없는 끝이…

"그놈은 어디서 보셨는지요?"

여전히 차분한 목소리였지만, 살짝 고개를 들어 쏘아보는 눈빛은 태양처럼 이글거렸습니다.

"응?"

플라톤 영감은 자기도 모르게 움찔했습니다.

"그 악마 놈을 어디서 만났습니까?"

"안 그래도 얘기하려던 참이었소. 그는 당신을 만나고 싶어하오."

"그놈이 저를 만나고 싶어한다고요?"

"그렇소."

"왜 만나고 싶답니까?"

"당신에게 묻고 싶은 것도 있고, 제안하고 싶은 것도 있다더군."

"묻고 싶은 거? 제안?"

"뭘 묻고 싶고, 뭘 제안하고 싶은 건지 나도 모르오. 당신한테 직접

말하겠다던데."

　사실 따져 묻고 싶은 건 프랑켄슈타인도 마찬가지였습니다. 도대체 왜 윌리엄 같은 어린애와 저스틴 같은 소녀에게 그런 짓을 했는지, 그리고 무엇보다 왜 그런 악마가 되었는지 궁금해서 미칠 지경이었으니까요.

　"어디로 가야 그놈을 만날 수 있습니까?"

　"여기서 멀지 않은 빙하 계곡 동굴에 있소."

　프랑켄슈타인은 서둘러 노를 저었습니다. 배는 방향을 돌려 부두를 향해 씩씩거리며 나아갔습니다. 아직 중천에 떠 있는 해는 따사로운 봄볕을 뿌리고 있었습니다. 하지만 프랑켄슈타인의 마음속은 마치 한여름의 태양처럼, 쇳물로 가득 찬 용광로처럼 끓어오르기만 했습니다.

내게 여자 친구를 만들어 주겠소?

계절은 벌써 봄을 지나 여름으로 향하고 있었습니다. 그러나 빙하 계곡의 동굴 속은 여전히 겨울이었습니다. 탁탁 모닥불이 피어올랐지만, 으슬으슬한 냉기를 완전히 몰아낼 수는 없었습니다.

프랑켄슈타인이 동굴로 들어섰을 때, 괴물은 불가에 웅크린 채 꾸벅꾸벅 졸고 있었습니다.

"누구요?"

괴물은 깜짝 놀라 소리쳤습니다. 바로 코앞에서 인기척이 나고서야 알아차릴 만큼 괴물은 졸음에 취해 있었습니다.

"나다, 추악한 악마 놈아!"

프랑켄슈타인의 격한 목소리가 동굴 속에 울려 퍼졌습니다. 괴물은 프랑켄슈타인을 힐끗 올려다보더니 히죽 웃었습니다.

"어서 오시오, 나의 창조자님."

"가증스러운 살인마 같으니! 악귀가 따로 없구나!"

"드디어 당신을 이렇게 만나는군요."

"그래, 나도 보고 싶었다. 네놈 얼굴을 다시 보니 소름 끼치게 반갑구나."

"자, 진정하시고 일단 여기 앉아나 보시오."

"그 추악한 몸뚱이 옆에 앉으라고? 잔말 말고 나한테 제안이 있다니 그거나 얼른 말해 봐라."

괴물은 잠시 프랑켄슈타인을 노려보다 모닥불로 시선을 옮겼습니다. 그리고 처진 나뭇가지를 밀어 올려 불길을 돋우었습니다.

"이보시오, 창조자 양반."

괴물이 다시 프랑켄슈타인을 올려다보았습니다.

"이렇게 끔찍한 몸뚱이를 만든 건 바로 당신 아니오? 몸뚱이든 영혼이든, 다 당신이 만들었으니 그 추악함도 당신이 감수해야 하는 거 아니겠소?"

"그게 무슨 헛소리냐. 네 몸뚱이면 모를까 왜 네 영혼의 추악함까지 내가 책임져야 하느냐. 죄 없는 어린아이와 가엾은 소녀를 살해한 그 악마 같은 마음을 내가 만들었더냐?"

"한 가지 물어봅시다, 프랑켄슈타인 박사."

흥분하여 거의 고함을 쳐 대는 프랑켄슈타인과는 달리 괴물의 표정과 말투는 냉정하고 단호했습니다.

"당신은 내 영혼이 이 흉측한 육체와 관계가 없다고 생각하시오?"

"지금 네가 저지른 끔찍한 죄악을 흉악한 외모 탓으로 돌리는 것이냐?"

"꼭 그렇지는 않소. 하지만 그 두 가지가 전혀 관계가 없을까? 어떻게 생각하시오? 인간의 영혼은, 혹은 정신은 어디까지나 육체의 토대 위에 존재하는 거 아니겠소?"

"개소리 마라. 육체는 육체고 영혼은 영혼일 뿐이다."

"하지만 육체가 사라지면 영혼이고 정신이고 존재하지 않을 텐데? 영혼이란 뇌 기능의 결과물일 뿐······."

"말했지? 육체는 육체고 영혼은 영혼일 뿐이라고. 인간은 별개의 그 두 가지가 합쳐져 이루어진 존재고, 육체를 지배하는 건 영혼의 자유 의지다."

그 말에 괴물이 히죽 웃었습니다.

"플라톤 영감 만나서 철학 공부 좀 했소? 데카르트를 꽤나 좋아하시나 봅니다? 하기야 그러니 감히 생명체를 만들 생각을 했겠군. 인간을 비롯한 모든 물체를 역학 원리에 따라 작동하는 기계라고 생각한 사람이 바로 데카르트니."

"너 같은 놈과 토론할 생각 없다."

"나도 당신과 한가롭게 철학 토론이나 하고 싶진 않소."

어이없다는 듯, 괴물은 고개를 숙이며 다시 한 번 픽 웃었습니다.

"어쨌거나 윌리엄과 저스틴의 일은 유감이오. 하지만 그걸 순전히 내

사악한 자유 의지 때문이라고 할 순 없을 거요."

"뻔뻔한 놈이구나. 네 손으로 목 졸라 죽였는데 네 자유 의지 때문이
아니라니. 게다가 그걸 저스틴에게 덮어씌우기까지 한 놈이."

괴물은 턱을 괴고 잠시 모닥불을 지켜보았습니다. 쌓아 놓은 나뭇가
지들이 꽤 타 버려 너울거리던 불꽃이 어느덧 사그라지고 있었습니다.

"이보시오, 창조자 양반."

괴물이 천천히 고개를 돌려 잔뜩 굳어 있는 프랑켄슈타인의 얼굴을
올려다보았습니다. 프랑켄슈타인은 그때까지도 동굴 입구 쪽에 서 있
었습니다. 죽어도 괴물 곁에 앉지는 않으려는 듯한 기세로요.

"내가 그동안 어찌 살아왔는지 궁금하지 않소?"

"네놈이 그 가엾은 어린애와 소녀를 죽인 이유보다 더 궁금하진 않
다."

"내가 살며 겪은 것들을 알게 되면 당연히 그 이유도 알게 될 거요.
계곡 아래로 내려갑시다. 내가 잠을 자는 오두막이 하나 있으니."

"지금 나더러 피투성이 살인마가 살아온 이야기 따위를 들으라고?
헛소리 말고 왜 그들을 죽였는지나 말해라. 그리고 네 뻔뻔한 제안도."

괴물은 벌떡 일어나 외투를 툭툭 털었습니다. 한풀 죽은 모닥불 빛에
도 외투 자락에서 떨어져 날리는 잿가루가 뽀얗게 비쳤습니다.

"자, 갑시다. 나의 창조자, 나의 아버지를 이렇게 춥고 누추한 곳에 모
실 수는 없지."

하지만 프랑켄슈타인은 그 자리에서 꼼짝도 하지 않았습니다.

"내가 왜 너를 따라가야 하느냐. 나는 인간이고, 너 같은 추악한 괴물의 말을 따를 필요가 없는 존재다."

그러자 동굴 밖으로 두어 발 나갔던 괴물이 다시 성큼성큼 걸어 들어왔습니다. 괴물은 허리를 굽혀 자신의 얼굴을 프랑켄슈타인의 얼굴에 바짝 갖다 댔습니다. 괴물의 악어 눈깔 같은 징그러운 눈이 자신을 노려보자 프랑켄슈타인은 흠칫하며 뒤로 물러섰습니다.

"무, 무슨 짓이냐!"

"추악한 살인마 괴물한테 멱살 한번 잡혀 보시겠소? 험한 꼴 보기 싫으면 두 발로 순순히 따라오시오, 창조자 양반."

괴물의 오두막은 동굴이 있는 빙하 계곡 바로 아래에 있었습니다. 원래 양치기들이 쓰다가 방치해 둔 것을 대충 수리해서 숙소로 쓰는 모양이었습니다.

"플라톤 영감이 내가 겪은 일들에 대해서는 얘기 안 해 줍디까?"

벽난로에 불을 지피고 물 주전자를 얹은 뒤 괴물이 물었습니다.

"못 들었다."

"그럼 당신한테 다시 한 번 자세히 얘기해 줘야겠군. 설사 들었다 해도 아주 재미있는 얘기라 지루하진 않을 거요. 말하는 나나 듣는 당신이나."

"그전에 먼저 내 물음에 대답이나 해라. 왜 윌리엄과 저스틴을 죽였느냐, 그처럼 약하고 순박한 존재들을 도대체 왜?"

"저스틴을 내가 죽인 건 아니잖소? 그 불쌍한 하녀 아이를 목매단 건 바로 당신들 인간일 텐데?"

"허튼수작 마라. 저스틴의 옷 주머니에 목걸이를 넣은 게 너라는 건 말 안 해도 안다."

"그건 사실이오. 하지만 난 단지 손장난을 쳤을 뿐이오. 당신들이 착오에 빠지기를 기대하면서."

"뭐라고? 손장난? 참으로 뻔뻔하기 짝이 없는 놈이로구나!"

새삼 분노가 치미는 걸까요? 깍지를 낀 채 탁자 위에 얹은 프랑켄슈타인의 두 손이 발발 떨렸습니다.

"생각해 보시오. 이 위대한 계몽과 이성 혁명의 시기에 그 정도 착오도 알아차리지 못한다는 건 어불성설 아니오? 더구나 위대한 계몽 사상가 루소가 태어나고 칼뱅이 종교 개혁을 일으킨 이 진보적인 공화국에서 말이오."

"아무리 계몽된 이성이라도 사악한 의지를 당해 내기는 쉽지 않은 법이다."

"오, 그렇군요."

괴물은 픽 웃고는 장작 두어 개를 집어 벽난로에 집어넣었습니다. 몸집이 어마어마하게 큰 괴물은 탁자에조차도 앉지 못했습니다. 그래서 벽난로 옆 벽에 기댄 채 바닥에 주저앉아 있었지요.

"저스틴의 불행에 대해서는 나도 가슴이 아프오. 왠지 비슷한 신세라는 느낌이 들었는데 말이오. 게다가 얼마나 아름다운 소녀이던지."

"추악한 살인마도 동정심을 느끼고 아름다움을 지각한다니 놀랍구나."

"어차피 인간의 뼈와 장기와 살점으로 만들어진 존재 아니겠소? 당신들 눈에 아무리 추악해 보여도."

괴물은 프랑켄슈타인을 슬쩍 올려다보았습니다. 그런 괴물을 프랑켄슈타인도 쏘아보았습니다. 그렇게 긴장된 순간이 짧지 않게 지난 뒤 프랑켄슈타인이 괴물에게 물었습니다.

"저스틴은 그렇다 치자. 하지만 윌리엄은, 그 어린것한테는 왜 그런 거냐."

괴물은 곧바로 대답을 않고 벽난로만 응시했습니다. 마른 장작으로 활활 타오른 불꽃이 어지럽게 춤을 추고 있었습니다.

"먼저 그동안 내가 어떻게 지냈는지 들어 보시오."

"이미 말했다. 그 얘긴 별로 듣고 싶지 않다고."

"들어 보시오, 창조자 양반. 그래야 왜 윌리엄이 죽어야 했는지 알 수 있으니까."

"네가 어떻게 살아왔건 그게 윌리엄과 무슨 상관이란 말이냐."

"나는 당신의 피조물이요. 나는 당신 덕에 생명을 얻었고, 이렇게 난데없이 세상에 던져졌소. 모든 것이 낯선 이 세계에, 그것도 순전한 알

몸으로. 그것은 행복이었을까? 천만에, 그건 처절한 고통의 시작이었소."

"그래서 어쩌란 말이냐."

"그건 과연 누구의 잘못이고 책임이겠소? 바로 이 추한 몸뚱이의 설계자이자 나의 아버지인 당신 아니겠소? 어떻게 생각하시오, 위대한 창조자 양반?"

프랑켄슈타인은 아무 말 없이 창밖으로 시선을 돌렸습니다. 이미 날은 어둑어둑해졌고, 오두막 한쪽 벽에 난 초라한 유리창에 빗방울이 부딪치고 있었습니다.

"육체가 초라하다고 영혼까지 초라하라는 법은 없다. 인간이란 존재를 지배하는 건 결국 영혼이다. 신의 뜻에 따라 정신과 육체는 조화를 이루게 마련이고."

"정말 못 말리는 데카르트 추종자로구먼. 말 나온 김에 한마디만 보태면 데카르트는 정신과 육체라는 두 실체가 상호 작용을 한다고 했고, 외부의 물질적 자극이 육체와 정신의 작용을 일으키기도 한다고 했소. 그러니 그놈의 정신-육체 이원론은 그만 좀 읊어 주었으면 좋겠소."

"그래 알았다. 어디 얘기해 봐라. 너의 창조자로서, 신의 영역에 도전한 죄인으로서 피조물인 너의 사정을 들어줄 책임과 의무는 지겠다."

프랑켄슈타인이 체념한 듯한 표정으로 말했습니다. 괴물은 휴우 하고 한숨을 내쉰 다음, 이야기를 시작했습니다.

"내 존재의 원점을 떠올리는 것은 굉장히 괴로운 일이오. 언젠가 플라톤 영감에게도 말했지만……."

괴물의 목소리는 차분해졌고 눈빛은 아련해졌습니다. 이제는 몇 년 전 일이 돼 버린 자신의 이야기들을 하나하나 꺼내는 그의 표정은 더 이상 추악한 괴물의 것이 아니었습니다.

이야기가 진전됨에 따라, 그리고 슬픔과 기쁨, 고통과 행복의 순간이 교차할 때마다 괴물의 목소리와 표정은 달라졌습니다. 프랑켄슈타인의 연구실을 뛰쳐나가 맞이한 첫 세상, 그리고 처음 만난 인간 존재들, 그들이 준 고통과 모멸감을 이야기하면서 그의 얼굴은 자기도 모르게 일그러지고 무서워졌습니다. 하지만 아름다운 계절과 화사한 자연 풍경, 그리고 서로 사랑하며 살던 펠릭스 가족들을 떠올리면서는 환한 미소를 짓기도 했습니다.

괴물의 이야기는 펠릭스 일가의 집을 불태우는 데서 절정을 이루었습니다.

"그들은 내 유일한 희망이었소. 인간 세상과 나를 이어 줄 유일한 고리였다고나 할까. 그런 그들조차 나를 두려워하고 증오하며 해치려 하는 걸 보며 나는 인간 존재에 대한 희망을 버렸소."

순간적으로 괴물의 눈시울이 뜨거워졌습니다. 그걸 들키기 싫은 듯, 괴물은 얼른 장작 하나를 집어 벽난로에 쑤셔 넣었습니다.

"인간이란 본래 그런 존재인 것 같소. 자기가 속한 몇몇 공동체에서는 서로 어울리고 사랑을 나누다가도 다른 공동체의 구성원이나 뭔가 달라 보이는 존재에게는 한없이 야만스러워지는, 뭐 그런 존재 말이오."

"그럴지도 모르지."

내내 듣기만 하던 프랑켄슈타인이 모처럼 입을 열었습니다.

"가령 내가 펠릭스네 집을 불태우고 당신을 찾아오던 길에 겪은 사건만 해도 말이오."

"그게 무슨 사건인가?"

"그보다 앞서 말해야 할 것은……."

괴물의 눈은 어느새 이글이글 타오르고 있었습니다. 마치 한창 타오르는 벽난로 속 장작불처럼. 오두막 바깥에서는 점점 빗줄기가 거세지고 있었습니다. 그와 함께 유리창에 빗방울이 부딪치는 소리도 더욱 시끄러워졌습니다.

"내가 왜 당신을 찾아가려 했는가 하는 거요."

콰과과광! 번개가 번쩍 치더니 뒤이어 온 세상이 들썩일 만큼 요란하게 천둥이 쳤습니다. 마치 괴물이 처음 눈을 뜨던 그날처럼 말이죠.

"왜인가?"

"왜일 것 같소?"

"모르겠다. 인간이 괴물의 생각까지 알 순 없지."

"하지만 당신이 만들어 낸 괴물인데?"

"난 너의 육체를 만들었을 뿐이다. 그 육체의 기능을 통해 지금의 생각을 만들어 낸 건 바로 너 자신이다."

"오호, 그런가."

괴물은 수긍한다는 듯 고개를 끄덕였습니다. 프랑켄슈타인과 대화를 나누기 시작하고 나서 처음 있는 일이었습니다.

"좋소. 그건 나중에 다시 이야기합시다. 그 소녀는 말이오……."

"또 어린아이인가?"

"그렇게 됐소. 그 아이는 강물에 빠져서 허우적거리고 있었소. 아마도 강둑을 뛰어다니며 놀다가 발을 헛디딘 모양인데, 마침 내가 발견하고 꺼내 주지 않았으면 익사하고 말았을 거요."

"아주 좋은 일을 한 거로군."

"당연히 그렇소. 한데 그들은 고마움을 모르더군."

"누구 말인가?"

"실신한 여자아이를 회복시키려고 애쓰고 있는데 농부 차림의 한 남자가 달려왔소. 아마 그 아이와 장난치며 놀던 사람이었을 거요. 그런데 그 사람이 오자마자 한 게 뭔지 아시오?"

"어떻게 했나?"

"나를 밀치고 아이를 낚아채더니 쏜살같이 도망쳤소. 고맙다는 말 한마디 없이."

괴물은 고개를 위로 젖히고 헛웃음을 지었습니다. 그때 일을 생각하면 아직도 어이가 없다는 듯이요.

"왜 그랬는지 모르겠는데, 나는 곧바로 그 남자를 쫓아갔소. 그 여자 아이가 걱정됐던 것도 같고, 그냥 화가 났었는지도 모르겠소. 아무튼 막 뛰어갔는데, 그 남자가 총을 꺼내 나를 향해 쏘았소."

"총을?"

"그렇소. 난 어깨에 총알을 맞고 땅에 뒹굴었소. 살과 뼈가 찢기는 아픔에 몸부림치며 비명을 질렀소. 한 인간을 구해 준 대가가 고작 그런 것이었소."

이제 강풍까지 부는지 오두막 창문이 덜컹거렸습니다. 그 창문을 프랑켄슈타인과 괴물이 동시에 바라보았습니다. 오두막에는 한동안 무거운 침묵이 흘렀습니다.

"몸과 마음의 고통 속에서 또 한 번 깨달았소."

다시 괴물의 말이 이어졌습니다.

"나는 기쁨을 누리도록 만들어진 존재가 아니라는 것을. 즐거움이니 행복이니 하는 것은 비참한 내 신세를 비웃는 것에 지나지 않음을."

번쩍. 우르르 쾅쾅! 다시 한 번 천둥 번개가 쳤습니다. 잠시 오두막 안이 환해졌다 다시 어두워졌습니다. 만약 벽난로의 장작불 빛마저 없었다면 두 사람은 서로의 얼굴마저 알아볼 수 없었을 것입니다.

"나는 다시는 인간을 동경하거나 사랑하지 않을 거라고 맹세했소. 몇 주에 걸쳐 상처가 아물면서 내 마음속의 복수심도 단단해졌소. 이전보다 훨씬 더."

"그래서 윌리엄에게 그런 짓을 했나?"

"아니, 처음부터 그럴 생각은 없었소."

"그 말을 믿으란 말이냐."

"믿든 안 믿든 그건 당신 자유겠지."

흥, 하고 콧방귀를 뀌는 괴물의 한쪽 입꼬리가 살짝 올라갔습니다.

"아무튼 난 그때 제네바 외곽의 어느 들판에서 피곤에 겨워 선잠을 자고 있었소. 갑자기 인기척이 들려 깼는데 귀엽게 생긴 남자아이가 내 쪽으로 달려오고 있었소."

"아, 윌리엄……."

새삼 괴로운 듯, 프랑켄슈타인은 두 손으로 얼굴을 감쌌습니다.

"한데 그 귀여운 모습을 보자 문득 저런 천진난만한 어린아이라면 나를 봐도 무서워하지 않을지 모른다는 생각이 든 거요. 아, 내가 미쳤지. 기껏 인간에게 복수를 다짐한 마당에 그따위 어리석은 미련을 갖다니."

괴물은 천장을 보며 히죽 웃었습니다.

"로크였던가? 영국의 경험론 철학자 존 로크 말이오. 그 사람이 그러지 않았소? 인간은 처음부터 백지 상태로 태어난다고. 선천적인 관념 따윈 없고 모든 건 지각과 반성 같은 경험을 통해 그 백지에 그려진다고."

"잘난 척하지 말고 윌리엄 얘기나 마저 해라."

"그런 기대감으로 아이가 지나갈 때 살짝 잡았소. 안아 주고 싶더라고. 그런데 그 아이는 날 보자마자 비명을 지르고 도망치려고 하는 거요."

"그거야 당연하지 않겠나. 더구나 어린아인데."

"당연하다…… 근데 그 아이도 어쩔 수 없는 인간이더구먼. 어쩌면 로크의 주장은 잘못된 것인지도 모르겠소. 태어날 때 이미 어떤 관념, 유식하게 말하면 생득관념을 가지고 태어나는 게 아닌가 몰라."

"어리석은 놈. 그 아이라고 태어나서 경험한 게 없을까."

"흥, 그건 그렇겠군. 아무튼……."

괴물은 그러면서 부젓가락으로 반쯤 타서 흘러나온 장작을 난로 안쪽으로 밀어 넣었습니다.

"거기서 그냥 놔줬으면 좋았을 텐데, 난 그러지 않았소. 실낱같은 초라한 희망이지만 쉽게 포기할 수가 없었거든. 나는 아이에게 호소하다시피 말했소. 아가야, 왜 도망가니, 난 너를 해칠 생각이 없단다, 제발 내 말 좀 들어 봐."

프랑켄슈타인은 이제 고개를 숙인 채 두 손으로 머리를 감싸고 있었습니다.

"아이는 거세게 반항하며 울부짖었소. 괴물! 도깨비! 날 갈기갈기 찢어서 잡아먹을 거지? 날 놔줘. 안 놔주면 우리 아빠한테 이를 거다. 그래서 내가 그랬소. 그럴 필요 없단다. 난 널 해치지 않아."

큭 하고 다시 괴물이 헛웃음을 웃었습니다.

"그러자 아이가 뭐라고 한 줄 아시오? 나쁜 괴물 놈아, 어서 놔라. 우리 아빠는 의원님이야. 프랑켄슈타인 의원님이라고 하면 사람들이 다 알아. 우리 아빠가 널 가만 안 놔둘 거야."

괴물은 프랑켄슈타인을 올려다보며 빤히 쳐다보았습니다.

"어떻게 생각하시오? 겨우 열 살도 안 된 꼬마가 자기 아빠가 의원님이라고, 힘센 의원님이라고 날 협박했소. 그 아이의 백지 같은 마음에 그런 생각을 그려 준 경험은 도대체 어떤 것이었을까?"

"천진한 아이가 뭘 알겠느냐. 윌리엄은 그저 어린아이답게 말한 것뿐이다."

프랑켄슈타인은 괴물을 쏘아보며 분노 어린 목소리로 힘겹게 대답했습니다.

"넌 그런 철없는 아이의 말조차 참을 수 없을 만큼 악마가 돼 있었구나."

"그 말에 참을 수 없었던 건 아니오."

"그럼 무엇 때문에!"

프랑켄슈타인이 버럭 소리를 질렀습니다. 탁자를 두 손으로 쾅 내려치며 더 이상 참을 수 없다는 듯이.

"그 아이가 프랑켄슈타인 의원, 그러니까 당신 아버지의 아들이었기 때문이오. 난 수십 번이나 맹세했소. 당신에게 가장 먼저 복수를 하기로. 그건…… 아주 좋은 기회였소. 나도 인간을 비참하게 만들 수 있다는 걸 증명하기 위해서도."

"이 짐승 같은 놈!"

"짐승? 내가 짐승이란 말이오? 하지만 나는 인간과 너무 닮았는데? 생김새도 그렇고, 이렇게 말도 하고 있고, 또 이렇게 이성적인 사고를 할 수 있고."

"인간을 닮았다고 인간이라 할 수는 없다. 넌 차마 인간이라고 부르기도 두려운 존재다."

"아, 그렇다면 악마? 하지만 악마를 본 사람이 있을까? 그런 관념만 있을 뿐 그에 대응하는 실재는 감각으로 인식되지도, 이성으로 입증되지도 못했는데?"

"인간의 인식 능력으로 입증할 수 없으면 존재하지 않는다는 건 무슨 오만한 생각이냐. 그런 말을 아무렇지도 않게 지껄이는 너야말로 악마다."

후후. 괴물은 다시 헛웃음을 지었습니다.

"하긴 데카르트도 신을 버릴 순 없었지. 심지어 저스틴도."

"저스틴한텐 도대체 왜!"

"왜 그랬냐고?"

"윌리엄의 목숨을 빼앗은 걸로는 분이 안 풀리더냐?"

"그랬을지도 모르지. 물론 그뿐만은 아니고."

"또 다른 이유가 있다는 거냐?"

"본질적으로 같을 수도 있지만, 다르다면 다른 문제라 할 수 있소."

"그게 뭐냐?"

괴물과 프랑켄슈타인은 다시 한 번 서로를 쏘아봤습니다. 폭풍우에 유리창이 덜커덕덜커덕 비명을 질러 댔지만 두 사람은 미동조차 하지 않았습니다.

"나는 아름다운 여자를 싫어하오."

"그게 무슨 소리냐?"

"아무리 예쁘고 사랑스러워 봐야 나는 그런 존재들이 주는 기쁨을 영원히 누릴 수 없으니까. 그들도 나를 보면 험상궂은 흉한 얼굴로 돌변하거든. 혐오감과 공포로 가득한 표정을 지으면서."

"그게 죄 없는 소녀를 죽일 만한 이유가 된다고 생각하느냐?"

"왜 안 된다고 생각하시오?"

"너는 정의나 최소한의 윤리도 알지 못하느냐? 인간의 존엄성도 몰라?"

"하하하!"

괴물은 고개를 한껏 젖힌 채 참을 수 없다는 듯이 웃어 댔습니다.

"정의? 인간의 존엄성? 그런 걸 짓밟은 건 바로 당신들 아니던가?"

"헛소리 마라!"

"저스틴은 평생 당신 집에서 하녀 노릇이나 하고 지낼 운명이었소.

말하자면 그 소녀에게 자유와 평등 같은 시민으로서의 기본권은 허용되지 않았던 거지. 게다가 불합리한 허술한 재판으로 없는 죄를 뒤집어씌운 건 당신네 공화국 재판관이 아니던가? 어떻게 그 이상 인간의 존엄성을 짓밟을 수 있단 말이오?"

프랑켄슈타인은 괴물을 노려볼 뿐 아무 말도 하지 못했습니다. 그 와중에 괴물의 목소리는 점점 의기양양해지고 있었습니다.

"아, 물론 그 목걸이는 내가 저스틴 옷에 넣은 게 맞아. 목걸이에 아름다운 여인의 초상화가 들어 있더구먼. 그게 바로 당신 약혼자 엘리자베스라고 했던가? 암튼, 난 그 목걸이를 역시 아름다운 소녀인 저스틴에게 선물했지."

"선물이라니 뻔뻔스럽기 짝이 없구나. 넌 최소한의 양심도 없는 놈이다. 인면수심의 괴물이다."

"인면수심이라…… 이 얼굴이 사람의 얼굴이던가? 사람을 닮은 얼굴이긴 하지만."

괴물은 또 한 번 얼굴을 뒤로 젖히고 크게 웃었습니다.

"양심이라고 했소? 잘 들으시오, 창조자 양반. 난 당신 말대로 인간이 아니오. 괴물이지. 그러니 나에게 인간의 양심과 윤리와 법을 강요하지 마시오. 괴물에겐 괴물의 세계가 있고, 거기에서는 당신들과 다른 양심과 윤리, 법이 존중되니까."

프랑켄슈타인을 노려보는 괴물의 큰 눈이 이글이글 타올랐습니다.

프랑켄슈타인은 다시 아무 말도 할 수 없었습니다. 그렇게 한동안 어색한 침묵이 흐른 뒤 먼저 입을 연 것은 프랑켄슈타인이었습니다.

"나에게 묻고 싶은 건 뭔가? 또 제안하고 싶은 건?"

"뭐일 것 같소?"

"이미 말했지만 내가 네 생각까진 알 수 없다."

"피조물의 마음을 모르는 창조자라…… 인간은 육체와 영혼이 결합한 존재라고 하니, 그렇다면 당신은 고작 나의 반만 창조한 것이네? 이런 불완전한 창조자 같으니라고."

"어차피 인간은 불완전한 존재다."

괴물이 또 픽 웃었습니다.

"불완전한 존재인 주제에 완전한 존재나 할 법한 일을 저질렀으니……"

"그건 나의 죄악이다. 하지만 그걸 비웃고 응징할 존재는 신뿐이다."

프랑켄슈타인은 데카르트와 칸트를 닮았습니다. 한없이 이성적이며 냉철하고, 인간의 몸을 기계 장치로 여길 정도로 유물론적이다가도 법과 도덕, 가치 따위를 따질 때면 어쩔 수 없이 신에게 의지했습니다. 어쩌면 그것은 유한한 인간 존재의 영원한 숙명일지도 모른다고 괴물은 생각했습니다.

"창조자 양반."

괴물이 다시 입을 열었습니다.

"내가 묻고 싶은 건……."

"뭐냐?"

"단 한 가지요. 도대체 왜 날 만들었소?"

프랑켄슈타인은 괴물을 힐끗 보고는 슬그머니 고개를 숙였습니다.

"그건 말해 줄 수 없다."

"뭐요?"

"그냥…… 감히 창조자가 되고 싶은 어리석고 무모한 야망 때문이라고만 하자."

"단지 그뿐이라고?"

"그렇게 알고 있으면 된다."

괴물은 오래전부터 뭔가 특별한 이유가 있을 거라고 생각했습니다. 고작 창조자의 야망 따위 말고 말이죠. 하지만 프랑켄슈타인이 그 이상 대답을 해 줄 것 같지 않아 더 묻지는 않기로 했습니다.

"나한테 한다는 제안은 뭐냐?"

"간단한 거요. 그렇다고 쉬운 일은 아니지만 당신에게는 그다지 어렵지도 않을 것이오."

"그게 뭐냐니까?"

괴물은 잠시 뜸을 들이다 결심이 선 듯 또렷한 목소리로 말했습니다.

"나를 닮은, 나와 같은 종류의 존재를 하나 더 만들어 주시오. 여자로."

순간 프랑켄슈타인의 눈이 똥그래졌습니다.

"그걸 말이라고 하는 거냐?"

"말이 안 될 게 뭐가 있소. 내가 이렇게 외롭고 비참한데. 인간 여자는 나와 사귀려 하지 않겠지만, 나처럼 흉측하고 소름 끼치는 육체의 여자라면 다르지 않겠소? 게다가 우리는 우리만의 감각과 취향이 있을 테니 우리끼리 보는 우리의 육체는 당신들이 느끼는 것처럼 추하지만은 않을 것이오."

전혀 생각지 못한 제안에 프랑켄슈타인은 입을 다물지 못했습니다.

"내가 느끼는 감정을 나누며 함께 살 여자를 만들어 달라는 얘기요. 이 일은 생명의 비밀을 엿본 당신만이 할 수 있고, 나는 그렇게 요구할 권리가 있소. 그러니 부디 거절하지 말아 주길 바라오."

"그럴 수 없다. 인류의 재앙거리는 너 하나만으로도 벅차다. 네가 아무리 나를 괴롭혀도 소용없다."

"그렇다면 나는 당신을 파멸시킬 수밖에 없소. 당신이 폐인이 되어 세상에 태어난 것을 원망할 때까지 말이오."

괴물의 얼굴은 그야말로 악마의 그것이 되어 있었습니다. 주름지고 거무죽죽하게 탄 얼굴은 너무나 섬뜩하게 일그러져 차마 보고 있을 수가 없을 지경이었습니다.

"그러니 잘 생각해 보시오. 당신이 내 부탁을 들어준다면 나는 내 여자 친구와 함께 먼 남아메리카로 떠날 것이오. 그곳의 드넓은 황야에서 우리만의 세계를 만들어 살 것이오. 당신이나 당신의 가족에게 해코지를 하지 않음은 물론이고."

괴물이 정말로 그렇게 할까요? 가족을 해치지 않는다는 괴물의 말을 과연 믿어도 되는 걸까요? 만약 괴물이 약속한 대로 먼 남아메리카로 떠나 준다면 더 이상 아무 문제가 없는 거 아닐까요? 프랑켄슈타인의 마음은 몹시 흔들렸습니다.

"만약 어떤 인간이든 내게 자비를 베푼다면 나는 백배 천배로 그 은혜를 갚을 거요. 그 인간을 위해 전 인류와 화해할 용의도 있소. 하지만 난 여태껏 그런 사람을 단 한 명도 만나 보지 못했소. 이제 당신이 그런 최초의 인간이 돼 주어야 하오."

프랑켄슈타인의 고민이 깊어지는 가운데 괴물의 설득은 계속되었습니다.

"내가 외롭게 사랑 없이 살아야 한다면 난 좌절과 증오와 악의에서 헤어나지 못할 것이오. 하지만 다른 이로부터 사랑을 받는다면 그 모든 것에서 자유로워질 것이오. 나의 거친 행위가 고독을 강요받은 결과였던 만큼, 나와 동등한 존재와 어울려 산다면 다시 그런 짓을 할 일은 영원히 없지 않겠소?"

괴물은 인간과 마찬가지로 선함과 악함을 모두 가지고 있었습니다. 물론 그 선악의 기준이 인간 세계의 것이긴 하지만요. 만약 괴물에게 깊은 좌절과 고통을 주어 악을 표출하게 하지만 않는다면 그는 영원히 선하게 살 수 있을지도 모릅니다. 그리고 그건 인간 사회와 동떨어진 곳이라면 충분히 가능할 것 같았습니다.

"좋다."

마침내 프랑켄슈타인이 결심을 했습니다.

"너와 닮은 여자, 네가 여자 친구로 삼을 존재를 만들어 주마."

괴물의 얼굴은 태양처럼 환해졌습니다.

"고맙소, 창조자 양반!"

"단 조건이 있다. 여자 친구를 건네받는 즉시 유럽을, 그리고 인간의 모든 거주지를 떠나겠다고 맹세해라."

"맹세하오. 당신의 신께, 이 아름다운 자연을 향해."

벌떡 일어선 괴물의 눈에서 주르르 눈물이 흘렀습니다.

"그럼 나는 가 보겠소. 당신은 이 오두막에서 밤을 보내시오. 오늘 밤은 아무리 추운 빙하 동굴이라도 따뜻할 것 같소."

"잠깐만."

문을 열고 나가는 괴물을 프랑켄슈타인이 황급히 불러 세웠습니다.

"너를 왜 만들었는지가 왜 그리 궁금했지?"

"내게도 탄생의 이유나 목적 같은 게 있나 알고 싶었소. 만약 그런 게 있고, 그것이 훌륭한 것이라면 아무리 비참하고 고달픈 삶이라도 견디기가 조금은 낫지 않겠소? 나는 적어도 짐승은 아니니."

그 말을 끝으로 괴물은 칠흑 같은 어둠 속으로 사라졌습니다. 열렸다

닫힌 문으로 세찬 비바람이 들어왔습니다. 오두막의 작은 유리창은 여전히 덜커덕거렸습니다. 그날 밤, 프랑켄슈타인은 한숨도 자지 못했습니다. 그건 꼭 불편한 잠자리와 폭풍우 때문만은 아니었습니다.

복수를 결심하다

괴물과 약속은 했지만 좀처럼 작업을 시작할 엄두가 나지 않았습니다. 다시 몇 달에 걸쳐 연구를 하고 작업을 해야 하기 때문이었습니다. 게다가 문득문득 괴물의 약속을 꼭 들어줘야 하는가 하는 회의가 밀려왔습니다.

그럼에도 결국 일에 착수할 수밖에 없었습니다. 이미 괴물의 만행을 겪은 판에 약속을 안 지켰다가는 무슨 일이 벌어질지 몰랐으니까요. 만약 정말로 약속을 안 지키면 괴물은 프랑켄슈타인과 그의 가족에게는 물론, 온 인류에게 끔찍한 재난을 가져올 것이 분명했습니다.

프랑켄슈타인은 스코틀랜드의 한 외딴섬에 연구실을 마련했습니다. 그곳은 집이 고작 세 채밖에 없는 작은 섬인 데다 육지와 왕래도 적어서 세상의 눈을 피해 작업에 몰두하기 딱 좋은 곳이었습니다.

작업은 순조롭게 진행되었습니다. 프랑켄슈타인은 다시 한 번 생명 창조의 환희에 빠져들며 밤낮없이 일에 몰두했습니다. 다만 때때로 찾아오는 회의와 불안감에 며칠씩 손을 놓고 지내는 일도 있었습니다.

새로운 괴물이 웬만큼 형태를 갖춘 어느 날 저녁, 프랑켄슈타인은 또 한 번 갑작스런 불안감에 사로잡혔습니다.

'내가 지금 무얼 하고 있는 거지? 또 하나의 괴물을 만들어서 어쩌겠다는 건가.'

괴물이 말한 것처럼 프랑켄슈타인이 창조할 수 있는 건 사실 괴물의 반에 불과했습니다. 기계적 장치와도 같은 육체를 만들 뿐이었으니까요. 그 육체를 통해 만들어질 마음 혹은 정신이 어떨지는 프랑켄슈타인 자신도 전혀 짐작할 수 없었습니다.

'혹시 이 여자 괴물은 내 첫 번째 괴물보다 백배 천배 더 사악한 건 아닐까?'

설사 그렇지 않더라도 여자 괴물이 남자 괴물의 말에 따라 순순히 인간 세계를 떠날지도 의문이었습니다. 남자 괴물과 마찬가지로 여자 괴물에게도 이성이 있고 그를 통한 사유 능력이 있을 테니까요.

프랑켄슈타인은 몹시 심란해져서 연구실을 박차고 나왔습니다. 집 바로 앞은 크고 작은 바위가 늘어선 바닷가였습니다. 끊임없이 파도가 밀려와 철썩철썩 부딪치며 하얀 거품을 만들었습니다. 제법 커다란 달이 구름 사이를 분주히 드나들며 그 모습을 비추고 있었습니다.

느닷없이 괴물의 목소리가 들린 건 시끌벅적한 파도 소리가 잠시 멎었을 때였습니다.

"오랜만이오, 프랑켄슈타인 박사. 작업은 잘되시오?"

획 돌아보니 푸르스름한 괴물의 얼굴이 자기를 보고 있었습니다. 안 그래도 흉측한 얼굴이 달빛을 받아 더 음산하고 사악해 보였습니다.

"나를 감시하는 거냐?"

"감시라니…… 그런 섭섭한 말을…… 그저 설레는 마음으로 지켜보고 있을 뿐이오."

괴물은 입술을 비틀어 올리고 흰 이를 드러내며 히죽 웃었습니다. 그건 이제까지 본 괴물의 표정 가운데 가장 섬뜩한 것이었습니다.

"나는 마음이 급하오. 하루빨리 작업이 끝나길 간절히 바라고 있소. 아마도 그날은 내가 새롭고 더 큰 존재로 거듭나는 시간이 될 거요. 또 봅시다, 창조자 양반."

이 말을 남기고 괴물은 어둠 속으로 획 사라져 버렸습니다. 프랑켄슈타인은 공포에 사로잡힌 채 서둘러 연구실로 돌아왔습니다. 견딜 수 없는 불안감이 엄습하면서 이미 형태를 갖춘 새로운 괴물의 얼굴이 왠지 흉악해 보이기만 했습니다.

'아, 저 끔찍한 괴물을 진정 내 손으로 만들었단 말인가? 저것이 진정 이성의 창조물이란 말인가? 위대한 과학 혁명의 결과물이 고작 저것이란 말인가……'

프랑켄슈타인은 절망과 분노, 그리고 두려움으로 부들부들 떨면서 메스를 집어 들었습니다.

잠시 후, 완성을 눈앞에 두었던 새로운 괴물은 너덜너덜한 고깃덩어리가 돼 버렸습니다.

연구실은 그날 이후 폐쇄되었습니다. 프랑켄슈타인은 다시는 그 안으로 들어가지 않을 것이었습니다.

괴물이 찾아온 건 며칠 뒤 밤이었습니다. 침대에 누워 선잠이 들었는데 현관과 침실 문이 차례로 열리는 소리가 들렸습니다. 어둑어둑한 문간에 서서 프랑켄슈타인을 노려보는 그 존재는 바로 그의 피조물이었습니다.

"프랑켄슈타인 박사, 당신은 나와의 약속을 어겼다. 아니, 당신을 믿었던 내가 바보지. 인간이란 본래 그렇게 어리석고 신의 없는 존재라는 걸 잊고 있었으니."

"꺼져라, 괴물아. 약속은 지키지 않겠다. 너 같은 악마를 또 하나 만든다는 건 내 양심이 허락지 않는다."

"나를 너무 무시하는군."

어둠 속 실루엣과 단호한 목소리만으로도 괴물의 소름 끼치는, 그리고 어마어마한 분노가 느껴졌습니다.

"당신은 나를 만든 창조자이면서도 내 본질을 잘 몰라. 당신의 피조물, 당신의 악마가 얼마나 무시무시한 힘을 가지고 있는지 이제부터 무자비하게 보여 주지. 기대해라, 프랑켄슈타인. 머지않아 살아 있다는 것 자체를 저주하게 될 것이다. 가슴을 쥐어뜯으면서."

그 말을 끝으로 괴물은 사라졌습니다. 그리고 한동안 괴물은 나타나지 않았습니다.

다음 날 프랑켄슈타인은 짐을 챙겨서 육지로 떠났습니다. 모든 걸 잊고 여행을 즐기고 싶었던 터라 이 도시 저 도시를 누비고 다녔습니다. 물론, 그렇다고 마음이 홀가분해질 리는 없었습니다. 마음 한구석에 커다란 불안감이 자리 잡고 떠나질 않았으니까요.

스코틀랜드의 어느 항구 도시에서 머물 때 그 불안감은 기어코 현실이 돼 버렸습니다.

"안됐소, 프랑켄슈타인 박사."

플라톤 영감이었습니다. 플라톤 영감은 프랑켄슈타인 앞에 불쑥 나타나 밑도 끝도 없이 불길한 인사를 던졌습니다.

"그게 무슨 말입니까."

"앙리라고 했던가? 당신의 그 고향 친구가 죽었소."

플라톤 영감의 목소리는 무겁게 가라앉아 있었습니다.

"네?"

"누군가에게 살해당했다고 하더군."

"그게 도대체 무슨 말씀입니까?"

프랑켄슈타인은 사색이 된 채 믿기지 않는다는 듯 거듭 캐물었습니다.

"어제 주검이 발견되었다고 하는군. 목에 큰 손자국이 있다던가. 여기서 멀지 않은 곳이니 얼른 가 보시오."

이럴 수가! 앙리가 살해당하다니? 어떻게 그런 일이…… 도대체 왜? 앙리가 무슨 잘못을 했다고…… .

프랑켄슈타인은 바닥에 털썩 주저앉아 머리를 감싸 안았습니다. 그리고 서럽게 흐느꼈습니다.

"악마 같은 놈! "

"괴물의 짓이라는 걸 알고 있군."

"모를 리가요."

기운 없이, 건성으로 대답하는 프랑켄슈타인의 목소리는 여전히 젖어 있었습니다.

"경찰은 혼란에 빠져 있더군. 해변에서 발견된 앙리의 주검에 이상한 말이 적힌 종이쪽지가 붙어 있었거든."

"그렇군요."

"궁금하지 않소? 무슨 내용인지?"

"내용이야 뻔하겠지요."

"그런가? 아무튼, 거기엔 '나도 인간을 비참하게 만들 수 있다. 이 죽음은 내 원수에게 절망의 시작에 불과하리라'라고 씌어 있었다고 하오."

앙리 클레르발은 스코틀랜드까지 프랑켄슈타인과 동행했습니다. 스코틀랜드의 아름다움에 감탄한 앙리는 계획했던 일정과 상관없이 여행을 계속했고, 프랑켄슈타인은 비밀 작업실을 차리기 위해 홀로 섬으로 들어갔던 것입니다.

"난 여기서 살까 봐. 이곳의 경치는 스위스가 아쉽지 않을 정도야."

함께 여행하면서 이런 말을 할 정도로 앙리는 스코틀랜드에 단단히 반했습니다. 그래서 프랑켄슈타인이 섬에 틀어박혀 비밀스런 작업에 몰두한 몇 개월 동안 고향에 돌아가지 않고 내내 머물러 있었습니다.

프랑켄슈타인은 앙리의 마지막 모습을 보려고 달려갔습니다. 차디찬 주검이 돼 버린 앙리를 본 순간 프랑켄슈타인은 그의 몸에 쓰러져 울부짖었습니다.

"앙리! 앙리!"

모든 게 자신의 잘못이었습니다. 도대체 왜 그런 괴물에게 숨을 불어넣었던 것일까요. 어쩌자고 인간의 삶의 방식과 윤리, 가치와 어울릴 수 없는 악마를 만들어 냈을까요.

어쩌면 바로 자신의 마음속에 그런 괴물이 도사리고 있었는지도 모릅니다. 그리하여 인간과 그들이 만든 세계며 문명 따위를 파괴해 버리고 싶은 증오심에 사로잡혀 있었는지도 모르는 일이고요.

범인은 잡히지 않았습니다. 한밤중에 앙리가 버려진 바닷가에서 살인자로 보이는 남자를 보았다는 어느 어부의 증언이 있었지만, 단지 그뿐이었습니다. 그 어부도 어둠 속에서 단지 희미한 실루엣을 본 것에 불과했으니까요. 어부의 말에 따르면 그 남자는 몸집이 엄청나게 컸고,

믿을 수 없을 만큼 빠르게 노를 저어 캄캄한 바다 저편으로 사라졌다고 했습니다.

프랑켄슈타인은 고향 제네바로 돌아왔습니다. 그리고 죽을 것처럼 앓아누웠습니다. 어렵게 회복되어 병상에서 내려왔을 때, 프랑켄슈타인은 마치 산전수전 다 겪은 늙은이 같아 보였습니다. 이제 서른 살이 될까 말까 한 젊은이가 말이죠.

일어나 거동을 할 수 있게 됐다지만, 그렇다고 마음의 병까지 나은 건 아니었습니다. 프랑켄슈타인은 수면제를 먹지 않으면 잠들지 못했습니다. 그나마 겨우 잠에 들어도 악몽에 시달리기 일쑤였지요. 물론 악몽의 대부분은 괴물과 괴물이 저지른 끔찍한 일들과 앞으로 더 겪게 될지도 모를 비극에 관한 것이었습니다.

악몽보다 더 큰 문제는 사람을 만나기 싫어한다는 것이었습니다. 프랑켄슈타인은 자신이 모든 사람들에게 죄를 지었다고 생각했습니다. 또한 자신의 잘못으로 주위의 사람들이 참혹한 재앙을 겪을지 모른다는 공포에 시달렸습니다. 그 때문에 심지어 엘리자베스조차 피하려 했습니다.

아버지는 그런 그에게 결혼을 권했습니다.

"빅터, 이제 내 유일한 희망은 너의 결혼이다. 빨리 엘리자베스와 결혼식을 올렸으면 좋겠구나."

엘리자베스 또한 마음고생이 심했습니다. 어느 날인가는 슬픔에 잠긴 얼굴로 이렇게 말하기도 했습니다.

"빅터, 나와의 결혼이 부모님의 뜻을 거역할 수 없어서 마지못해 하는 거라면 그럴 필요 없어. 나는 너를 사랑하고 너와 결혼하기를 간절히 원하지만, 그보다 너의 행복을 더 원해. 부담 갖지 말고, 억지로 불행해지려고도 하지 마."

물론 프랑켄슈타인은 엘리자베스를 진심으로 사랑했습니다. 하루빨리 아버지의 바람을 들어주고도 싶었고요. 하지만 그럴 수 없었습니다. 괴물이 앙리마저 희생시킨 마당에, 그리고 그게 불행의 시작일 거라고 협박하는 마당에 엘리자베스까지 위험에 빠뜨릴 수는 없었으니까요.

이제 괴물을 가만히 놔두고서는 아무것도 할 수 없다는 것이 분명해졌습니다. 어떻게든 괴물을 처치해야겠다고 결심한 것도 그래서였습니다.

프랑켄슈타인은 자신이 직접 처치하는 수밖에 없다고 생각했습니다. 앙리가 죽었을 때 경찰을 붙들고 사정을 얘기했지만, 그들은 코웃음만 쳤습니다.

하긴, 세상의 누가 그런 터무니없는 이야기를 믿어 줄까요. 아무리 눈부신 과학의 시대라 해도요. 아니 어쩌면 그래서 더 믿기 어려운 이야기인지도 몰랐습니다.

'그래, 빙하 계곡이라도 찾아가 보자.'

괴물이 아직도 거기에 있을 거라고는 기대하지 않았습니다. 지금까지 자기를 쫓아다니며 일거수일투족을 감시한 존재인데 한곳에 머물러 있을 리가요. 게다가 프랑켄슈타인이 찾아올 거라고 당연히 예상할 텐데 거기 그대로 있을 리도 없고요. 하지만 가만히 있을 수는 없었습니다. 도망가고 없으면 희미한 자취라도 쫓을 수 있을 테니까요.

그리하여 어느 날, 프랑켄슈타인은 권총 한 자루를 가지고 집을 나섰습니다. 예전에 가 봤던 동굴과 오두막이 행선지였습니다. 기억을 더듬어 찾아 올라간 동굴에는 오래된 모닥불 흔적만 남아 있었습니다. 서늘한 동굴 공기는 괴물이 최근에 머문 일이 없음을 말해 주었습니다.

이번에는 오두막으로 향했습니다. 거기에서 괴물과 긴 이야기를 나누고 하룻밤 자기까지 했던 게 벌써 한 해도 더 전의 일이었습니다. 그 기억을 되살려 가며 가파른 언덕길을 오르내리고 빙하를 건너갔다 건너오기를 되풀이한 끝에, 프랑켄슈타인은 가까스로 그 오두막에 다시 도착했습니다.

놀랍게도 오두막 안은 훈훈했습니다. 심지어 그날처럼 벽난로에서 장작불까지 환하게 타고 있었습니다. 하지만 괴물은 보이지 않았습니다.

'내가 찾아올지 전혀 몰랐던 건가?'

그럴지도 몰랐습니다. 이렇게 흔적이 생생한 걸 보면 말입니다. 필시 방금 전까지 있다가 프랑켄슈타인이 오는 걸 뒤늦게 알아차리고 황급히 도망가지 않았을까요?

그렇지 않다는 걸 깨닫는 데는 그리 오랜 시간이 걸리지 않았습니다. 탁자 위에 메모지가 한 장 놓여 있었기 때문입니다. 날아가지 않도록 돌멩이로 눌러놓은 그 메모지에는 이렇게 씌어 있었습니다.

'이제야 찾아왔군. 온 김에 편히 쉬고 가길. 하지만 명심해라. 너의 결혼 첫날밤엔 내가 곁에 있을 것이다.'

메모지를 든 프랑켄슈타인의 손이 바들바들 떨렸습니다. 프랑켄슈타인은 종이를 꾸겨서 벽난로에 던져 버리고 미친 듯이 소리쳤습니다.

"비겁한 악마 녀석아, 당장 나와라! 네게 생명을 준 창조자가 찾아왔다! 어서 나와 내 총알을 받아라!"

그러고는 유리창에 총을 한 방 쏘았습니다. 폭음과 함께 쨍그랑하고 창유리가 산산이 깨졌지만 괴물의 반응은 어디에도 없었습니다.

프랑켄슈타인은 오두막을 뛰쳐나갔습니다. 그리고 오두막 주변을 정신없이 뛰어다니며 다시 소리쳤습니다.

"위대한 창조자가 네 목숨을 거둬 가려고 왔다! 어서 와서 무릎을 꿇어라, 은혜도 모르는 비겁한 놈아!"

알프스 산중에 프랑켄슈타인의 광기 어린 절규가 메아리쳤습니다. 하지만 정작 무릎 꿇은 건 프랑켄슈타인 자신이었습니다. 그는 권총을 떨어뜨리고 손으로 얼굴을 가린 채 흐느꼈습니다. 물론 괴물은 그 처량한 모습을 어디선가 보고 있을 게 틀림없었습니다.

집에 돌아온 프랑켄슈타인은 아버지에게 곧바로 결혼식을 올리겠다고 말했습니다. 아버지와 엘리자베스는 모두 뛸 듯이 기뻐했습니다. 무슨 일이 벌어질지 모르는 그들로서는 당연했지만, 프랑켄슈타인의 마음은 무겁기만 했습니다.

절망으로 그를 죽게 하리라

"그래서 기어이 복수를 하고야 말겠다는 건가?"

플라톤 영감의 표정은 그 어느 때보다 심각해 보였습니다.

"그렇소."

"자네는 충분히 이성적인 존재인데 말이야. 인간만큼, 아니 그 이상으로……"

"이성적인 만큼 감성적이기도 하오. 인간만큼이나."

동굴 안에는 모닥불이 제법 활활 타고 있었습니다. 둘의 얼굴은 그 불빛을 받아 어둠 속에서도 붉게 빛났습니다.

"영감은 아직도 인간이 이성적 존재라고 생각하시오?"

"당연하지."

"저 광분하는 프랑켄슈타인을 보고도 말이오?"

"좀 더 정확히 말하면, 인간은 이성적 능력을 가진 존재이며 이성의 지배를 받는 존재지."

난 인간의 이성을 믿지 못하는 게 아니오.
이성만큼 강력한 인간의 감정을
뼈저리게 확인했을 뿐이지…

"나를 보자마자 몽둥이를 휘두르고 돌멩이를 던져 댄 저 길거리의 사람들이 말이오? 재판정에서 재판이 시작되기도 전에 저스틴을 죽이라고 외쳐 댄 그 천박한 사람들이?"

"그 사람들은 이성의 빛을 아직 못 보았을 뿐이지. 그들이 자기가 가진 능력을 깨닫는다면, 즉 자신이 본래 가지고 태어난 이데아에 관한 지식을 깨닫거나 그것을 탐구한다면 충분히 이성적 본성을 발휘할 거라네."

괴물은 긴 나뭇가지로 불이 붙은 나뭇가지들을 조금씩 밀어 더 바짝 세웠습니다. 순간 연기와 불티가 날아올라 플라톤 영감의 얼굴을 찌푸리게 만들었습니다.

"이데아까진 그렇지만, 나 또한 인간에게 이성적 능력이 있다는 생각에는 동의하오. 다만 이성이 인간을 지배할 정도로 강력한 것인가에 대해서는 의문이오. 그러기엔 인간은 너무나 감성적인 동물이오."

과연 복수가
자넬 구원할 수 있을까?

"현재로선 그렇지. 특히 종으로서의 인간이 아닌 현실 속의 개별적인 인간들을 보면."

"맞소. 앙리란 친구도 다를 바 없더군."

플라톤 영감은 고개를 돌려 괴물의 얼굴을 보았습니다. 괴물은 그 시선을 느꼈지만 애써 마주 보려 하지 않았습니다.

"나를 보자 그 친구는 비명을 지르더군. 그리고 자기가 믿는 신에게 기도를 하기 시작했지. 자기에게 악마를 물리칠 용기를 달라고. 그러더니 덜덜 떨리는 목소리로 내게 그러더군. 자기는 죽음이 두렵지 않다, 죽음은 신과 자연의 품으로 영원히 돌아가는 것일 뿐이다. 참으로 낭만주의자다운 자세 아니오?"

괴물은 픽 웃으며 비로소 플라톤 영감을 마주 보았습니다. 그 섬뜩한 눈빛에 플라톤 영감은 움찔하지 않을 수 없었습니다.

"그래서 신의 품으로 돌아가게 해 주었소. 지체 없이."

그건 내 문제요.
인간의 눈으로 모든 걸 판단하지 마시오.
괴물에겐 괴물의 법칙이 있으니!

플라톤 영감은 한동안 괴물을 쏘아보다가 물었습니다.

"꼭 그래야만 했나?"

"그래야만 했소."

"복수만이 자네의 고통과 원한을 풀어 줄 수 있다고 생각하나?"

"나에게 인간의 도덕, 시민 사회의 법칙을 말하지 마시오. 다시 말하지만, 괴물에겐 괴물의 도덕 법칙이 있으니."

"그게 뭔가?"

"나도 모르오. 다만 '인간을 수단이 아니라 목적으로 대하라'라는 따위의 형식은 아닐 것이오."

사실 플라톤 영감으로선 할 말이 없었습니다. 인간 사회에서 인간과 어울려 살고 싶어한 괴물을 거부한 건 인간들이었습니다. 덕분에 괴물은 인간들에게 쫓겨나 홀로 인간도 아니고 짐승도 아닌 삶을 살아야 했습니다. 그런 괴물에게 인간 사회의 도덕 법칙을 강요할 순 없는 노릇

이었습니다.

"나는 약속을 어기고 신의를 저버린 자를 존중할 생각은 없소. 더구나 자신이 창조한 존재의 고통과 슬픔은 외면한 채 그 존재가 자신이 속한 무리에 입힐 해악만 두려워하는 자라면."

괴물은 길고 넓적한 앞니로 질끈 입술을 깨물었습니다.

"나는 그를 심판할 거요. 나의 의사와 상관없이 나를 이 낯설고 험한 세상에 던져 놓고 그에 대해 일말의 책임도 지지 않으려는 파렴치한 존재를 응징하는 건 나의 권리고, 그 권리를 행사하는 건 나의 정의요."

괴물의 긴 말이 끝나고 잠시 침묵이 흘렀습니다. 마른 나뭇가지가 타면서 내는 탁탁 소리만 동굴 안에 울려 퍼졌습니다.

"내가 자네만의 세계를 구성하라 했을 때는 이런 걸 기대한 게 아니었는데……."

"내가 당신의 기대를 만족시켜야 할 의무는 없소."

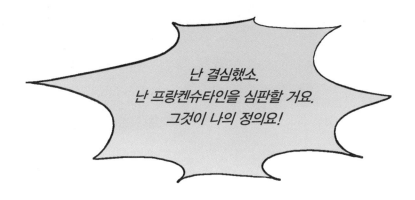

"그건 그렇군."

또다시 긴 침묵이 이어졌고, 그 침묵을 깬 것도 조금 전과 마찬가지로 플라톤이었습니다.

"자넨 죽음이 두렵진 않나?"

"나도 엄연한 생명체인데 왜 두렵지 않겠소. 생명을 가진 존재에게 그것이 사라지는 것보다 더한 공포와 고통이 있을까? 아무리 자신의 뜻과 상관없이 존재하게 되었다 하더라도."

"프랑켄슈타인은 자네를 죽이려 하네."

"그건 나도 마찬가지요. 다만 나는 총이 아니라 절망으로 그를 죽일 것이오."

"나는 자네가 이성으로 문제를 해결하여 죽음의 공포에서 벗어나길 바라네."

"이미 나는 살아 있다고 할 수 없소."

만약 괴물의 신이 있다면 이런 나의
권리를 기꺼이 인정하고 용서해 줄 것이오

"그건 무슨 소린가?"

"인간처럼 나 또한 혼자서는 살 수 없는 존재요. 당신 제자 아리스토
텔레스의 말처럼 인간은 사회적 존재 아니겠소? 그렇기에 인간은 공동
체 안에서 자신을 실현하며 살아가는데, 나는 영원히 혼자 떨어져 살지
않으면 안 될 운명이오. 그리고 그 책임은 근본적으로 프랑켄슈타인에
게 있소."

"음……."

"프랑켄슈타인은 심지어 나를 왜 만들었는지조차 가르쳐 주지 않았
소. 나는 내 존재 이유도 모르고, 어떤 삶의 목적도 지향하지 못하오. 나
는 지금 그런 절망적인 상황에 처해 있는 거요. 누가 뭐래도 이성보다
감성, 이해보다 분노가 작동할 수밖에 없는 상황 아니오?"

동굴 밖에서 부엉부엉 하는 소리가 들렸습니다. 이미 날은 칠흑같이
캄캄해져 있었습니다. 하지만 두 사람의 마음은 컴컴한 바깥보다 훨씬

더 어두웠습니다.

"내 결심은 확고하니 나를 말릴 생각은 마시오. 삶과 죽음을 결정할 권리가 창조자에게만 있답디까. 피조물도 그의 창조자를 소멸시킬 수 있소. 만약 괴물의 신이 있다면 이런 나의 권리를 기꺼이 인정하고 용서해 줄 것이오."

괴물의 목소리는 단호하고 비장했습니다. 플라톤 영감은 그런 괴물에게 더 이상 아무 말도 할 수 없었습니다.

변명 아닌 변명

"괴물은 당신을 완전히 파멸시키려 하오."

플라톤 영감은 소리 없이 다가와 프랑켄슈타인에게 불쑥 말을 걸었습니다. 잠시 엘리자베스와 떨어져 뱃전에서 물살을 굽어보던 프랑켄슈타인은 기겁을 했습니다.

"진정하시오. 나요, 플라톤."

"여기는 또 웬일이십니까?"

"궁금한 게 하나 있어서⋯⋯."

"그보다⋯⋯ 그놈은 지금 어디 있습니까?"

"그건 나도 모르오. 워낙에 귀신같이 움직이는 존재라⋯⋯."

"영감님도 그놈 못지않게 신출귀몰하는 분인데요?"

"나는 이천 년 넘게 산 늙은이고, 괴물은 굳이 따지면 청년 아니오."

프랑켄슈타인은 픽 웃으며 고개를 숙였다가 얼른 다시 고개를 들었습니다.

도대체 괴물을 왜 만든 거요?

"제게 궁금한 건 뭡니까?"

플라톤 영감은 잠시 말을 멈추고 한 손으로 여윈 두 뺨을 쓸어내렸습니다. 그 결에 희끗희끗한 수염까지 가지런해졌습니다.

"도대체 그 괴물을 왜 만든 거요? 단순히 과학적 호기심 때문은 아닐 거 같은데 말이오."

"그 악마 놈이 물어보라 하던가요?"

"아니요. 그냥 괴물의 얘기를 듣고 갑자기 나도 궁금해졌소."

프랑켄슈타인은 말없이 몽블랑 산을 바라보았습니다. 벌써 해가 기울기 시작하여 봉우리들은 검은 실루엣으로 보이기 시작했습니다.

"영감님, 예전에 말이에요……."

"얼마나 예전을 말하는 거요?"

"그러니까 당신의 오랜 꿈이었던 이상 국가를 실현하려고 시칠리아 섬의 시라쿠사로 갔을 때 말입니다."

왜 만들었냐고요?
어쩌면 이 시대에 맞는
새로운 형태의 인간이 필요했다고나 할까요?
정의롭고, 용기 있고, 절제력을 갖춘 이상적인 인간을…

"그 아픈 기억은 왜 들추시오?"

"영감님은 디오니소스 2세라는 왕에게 철학과 과학을 가르쳐, 시라쿠사를 철학자가 통치하는 나라로 만들려고 했지 않습니까!"

"그랬소. 비록 성공은 못 했지만."

플라톤 영감은 연신 헛기침을 하며 이리저리 시선을 돌렸습니다.

"그런 국가에는 새로운 형태의 인간이 필요했을 테죠. 정의롭고 도덕적인 국가를 이룰, 지혜롭고, 용기 있고, 절제력을 갖춘 이상적인 인간들이 말입니다."

"당연하오. 그런데 도대체 이런 얘기를…… 그럼 설마…….."

플라톤 영감의 눈이 사발만큼이나 커졌습니다.

"그렇습니다. 인간은 유토피아를 꿈꾸는 존재니까요. 현실이 추하고 고통스럽다고 느낄수록 꿈의 실현을 향한 욕망은 더욱 커지게 마련이지요."

두 사람은 나란히 선 채 먼 서쪽 하늘을 바라보았습니다. 어느덧 해가 몽블랑 산 저편으로 넘어가고 있었습니다.

"결국 당신은 내 제자였군, 프랑켄슈타인 박사. 하지만 명심하시오. 구체적 현실과 합리적 역사 인식에 토대를 두지 않은 꿈은 망상이고, 악몽으로 변하기 십상이오. 이 찬란한 이성과 과학의 시대에 내가 새로이 깨달은 게 있다면, 꿈도 공상이 아니라 이성에 근거를 두어야 한다는 것이오."

"충고 고맙습니다. 이제 와서야 다 쓸데없고 부질없는 것이지만."

"부디 몸조심하시오. 그 불행한 창조물은 당신을 쫓아다니며 늘 감시하고 있소."

프랑켄슈타인은 인사를 하려고 고개를 휙 돌렸습니다. 하지만 이미 플라톤 영감은 사라지고 없었습니다.

끝나지 않는 복수

엘리자베스는 그 어느 때보다도 행복해 보였습니다. 그건 함께 신혼여행을 떠나는 프랑켄슈타인도 마찬가지였습니다.

수많은 하객들이 두 사람의 결혼을 축하해 주었고, 날이 저물도록 시끌벅적한 파티가 열렸습니다. 그동안 프랑켄슈타인과 엘리자베스는 배를 타고 아름다운 호수와 강을 따라가며 여행을 즐겼습니다.

하지만 프랑켄슈타인의 마음 한구석에는 커다란 두려움이 똬리를 틀고 있었습니다. 언제 어디서 괴물이 나타날지 몰랐으니까요. 품에 권총과 단검을 숨기고 있는 것도 바로 그래서였습니다.

그렇게 두려움에 떨면서도 서둘러 결혼을 한 것은 달리 수가 없었기 때문입니다. 피한다고 해도 피할 수 없고, 처치하려고 해도 그럴 수 없는 바에야 정면 대결을 하는 게 차라리 낫다고 생각했습니다. 또한 결혼을 하여 늘 엘리자베스 곁에 있는 것이 그녀에게 더 안전할 것도 같았습니다.

불안한 마음은 수시로 얼굴에 나타났습니다. 엘리자베스는 그런 프랑켄슈타인을 위로하곤 했습니다.

"기분 풀어, 빅터. 이제 그런 슬픈 일은 다시는 일어나지 않을 거야. 이렇게 결혼했으니 행복한 미래만 생각하자."

그때마다 프랑켄슈타인은 빙그레 웃으며 화답했습니다. 혼자 품을 수밖에 없는 비밀, 그리고 그 답답함을 가슴속에 억누르면서 말이죠.

"빅터, 괜찮아?"

엘리자베스의 얼굴은 걱정이 한가득이었습니다.

"괜찮아, 엘리자베스."

하지만 검붉은 노을빛에 젖은 프랑켄슈타인의 얼굴은 전혀 그렇지 않았습니다. 호수 위에는 뿌연 물안개가 끼기 시작했고, 날은 숨 가쁘게 저물고 있었습니다. 첫날밤을 보낼 숙소에 도착하니 이미 캄캄한 밤이었습니다.

식당에서 저녁을 먹고 난 뒤, 프랑켄슈타인은 엘리자베스 몰래 결투를 준비했습니다. 미리 준비한 권총과 단검을 손질하고 방문과 창문을 점검했으며, 숙소 주변의 길을 익히고 지형을 파악해 놓았습니다.

괴물은 올 게 틀림없었습니다. 단지 어느 때 오느냐가 문제일 뿐이었지요.

밤이 깊어 갈수록 두려움도 점점 커졌습니다. 프랑켄슈타인은 자정이 되도록 잠자리에 들 수 없었습니다. 불안한 얼굴로 의자에 앉았다 일어섰다, 창가로 걸어갔다 문가로 걸어갔다 하면서 어쩔 줄을 몰랐습니다.

"빅터, 도대체 왜 그래? 무슨 일 있어?"

"아니 별일 없어. 그냥 잠이 안 와서 그래."

생각 같아서는 모든 사실을 말해 주고 싶었지만, 차마 그럴 수는 없었습니다. 분노와 공포 속에서 사는 건 자신 하나로 충분했으니까요.

"피곤하니까 먼저 자, 엘리자베스. 나도 곧 잘게."

"빅터, 안 좋았던 일들은 이제 다 잊어버려. 부탁이야."

엘리자베스는 잠자리로 향했습니다. 프랑켄슈타인은 방 안의 촛불을 모두 끈 뒤 품속의 권총을 어루만졌습니다.

창밖에서 이상한 소리가 들린 건 엘리자베스가 잠들고 벽시계가 열두 시를 알린 직후였습니다. 우두둑 나뭇가지가 부러지는 소리가 들리는가 하면, 누군가 살금살금 걷는 기척과 함께 끼익하고 문이 열리는 듯한 소리도 들렸습니다.

마침내 올 것이 온 것일까요? 프랑켄슈타인은 권총과 단검을 꺼내 각각 손에 쥐었습니다. 그리고 창문 밖을 살짝 내다본 뒤 방문을 열고 가만히 아래층으로 내려갔습니다. 현관문이 열려 덜컹거리고 있었습니다.

'그놈이 왔다!'

현관문을 열자 검은 그림자 하나가 눈앞을 휙 지나갔습니다. 엄청나게 큰 실루엣으로 보아 그것은 괴물임에 틀림없었습니다. 총을 쏘려 했지만 괴물은 방아쇠를 당길 틈도 없이 어둠 속으로 사라졌습니다.

프랑켄슈타인은 엉겁결에 괴물이 사라진 쪽으로 달려갔습니다. 숙소 건물의 불빛조차 미치지 않아서 몹시 어두웠지만 미리 지형을 익혀 놓은 덕분에 더듬더듬 전진은 할 수 있었습니다. 하지만 괴물은 흔적조차 찾을 수 없었습니다.

아차, 하는 생각이 든 건 거친 덤불에 막혀 더 나아갈 수 없게 되었을 때였습니다.

'엘리자베스! 내가 왜 엘리자베스를 혼자 두고……'

이미 숙소에서 꽤나 멀어진 상황이었습니다. 프랑켄슈타인은 멀리 희미하게 보이는 숙소 창문을 보며 정신없이 뛰었습니다. 나뭇가지에 걸리고 돌에 채며 겨우 뜰에 들어섰을 때 세상을 찢어 버릴 듯 날카로운 비명이 울려 퍼졌습니다.

'엘리자베스……'

갑자기 온몸에 힘이 빠져나가면서 프랑켄슈타인은 털썩 주저앉았습니다.

'엘리자베스 제발……'

어떻게든 걸어 보려고 했지만 손도 발도 까딱할 수 없었습니다. 게다가 정신까지 혼미해져서 프랑켄슈타인은 의식을 잃고 말았습니다. 다시 눈을 떴을 때는 침대에 누운 채 여러 사람들에게 둘러싸여 있었습니다.

"괜찮습니까?"

한 사람이 걱정스런 표정으로 물었습니다. 그러나 프랑켄슈타인에게 그 소리가 들릴 리 없었습니다. 상황이 파악되자마자 생각난 건 엘리자베스였습니다.

"엘리자베스! 엘리자베스는 어찌 됐습니까?"

절박하게 물었지만 아무도 대답해 주지 않았습니다. 프랑켄슈타인이 벌떡 일어나 사람들을 밀치고 뛰쳐나가려 하자 비로소 한 사람이 사실을 말해 주었습니다.

"선생 부인은 죽었소."

"뭐라고요? 죽다뇨?"

"누군가에게 살해당했소. 옆방에 누워 있으니 가 보시오."

그건 사실이었습니다. 엘리자베스는 침대 위에 반듯이 눕혀져 있었습니다. 얼굴과 목을 덮은 수건을 치우자 길고 하얀 목에 검푸른 손자국이 나 있었습니다. 엄청난 크기로 보아 그것은 괴물의 것이라고밖에는 생각할 수 없었습니다.

"미안해, 엘리자베스! 미안해……."

프랑켄슈타인은 죽은 엘리자베스를 끌어안고 대성통곡을 했습니다. 그리고 다시 정신을 잃었습니다.

정신을 차린 건 날이 다 밝은 이른 아침 무렵이었습니다. 신고를 받고 서둘러 달려온 경찰관과 의사가 곁에 서 있었습니다. 프랑켄슈타인이 또 벌떡 일어나려 하자 의사가 몸을 누르며 말렸습니다.

"진정하시고 좀 쉬시구려."

"안 돼! 그놈을 가만 놔두면 안 돼!"

"그놈이 누군지 모르지만 여기엔 없소. 그러니 제발 진정하시오."

어쩔 수 없이 다시 누운 프랑켄슈타인의 눈에서는 눈물이 주르르 흘렀습니다. 윌리엄, 저스틴, 앙리에 이어 벌써 네 번째 희생이었습니다. 모두가 내 몸처럼, 아니 어쩌면 그보다 더 사랑하는 존재들이었습니다.

"선생, 한 가지만 물어봅시다. 의식을 잃고 있으면서도 계속 괴물이니, 살인마니, 악마니 하면서 죽여 버리겠다고 소리를 질러 대던데, 그게 대체 누구요?"

"그런…… 그런 존재가…… 있습니다. 엘리자베스를 죽인 놈이죠."

프랑켄슈타인은 꺼져 가는 목소리로 힘겹게 대답했습니다.

"그러니까 그게 누구냐는 거요."

경찰관이 캐물었지만 더 이상 말하고 싶지 않았습니다. 어차피 말해도 믿지 않을 것이고, 설사 믿는다 해도 그놈을 어찌할 수 없을 테니까요.

"선생, 말 좀 해 보시오. 그놈이 누구요?"

하지만 프랑켄슈타인은 이미 듣고 있지 않았습니다. 불현듯 집에 남아 있을 아버지와 동생 에른스트가 생각났기 때문입니다. 어차피 자신을 밑바닥까지 파멸시킬 거라면 아버지와 동생을 그냥 놔둘 리가 없을 것입니다.

프랑켄슈타인은 말을 타고 곧바로 길을 나섰습니다. 날씨가 돌변해

사나운 비바람이 몰아쳐서 배가 뜰 수 없었습니다. 비바람 속을 뚫고 제네바 집에 도착해 보니 다행히 두 사람은 무사했습니다. 하지만 소식을 들은 늙은 아버지는 견디지 못하고 몸져누워 버렸습니다.

얼마 되지 않아 아버지는 기어이 세상을 떠나고 말았습니다.

그다음에 프랑켄슈타인에게는 어떤 일이 일어났을까요? 그건 프랑켄슈타인 자신도 잘 몰랐습니다. 그에게서 이성적 기능이 사라지고 모든 것들이 몽롱한 꿈만 같았으니까요. 어떤 게 현실이고 어떤 게 꿈인지 전혀 알 수가 없었습니다.

미친놈이란 손가락질을 받다가 몇 달 동안 감옥 같은 곳에 갇혀 있었던 듯도 합니다. 극심한 절망과 우울증에 시달리며 하루 종일 아무것도 안 하고 지냈습니다. 그러다 때로는 자살 소동을 벌였고, 때로는 미친 듯이 난동을 부리기도 했습니다.

그래도 시간이 흐르면서 치료가 되긴 한 모양입니다. 웬만큼 정상인다운 사고가 가능해지고 육체의 건강도 회복된 어느 날 프랑켄슈타인은 감옥에서 풀려났습니다. 물론 그게 예전 생활로 복귀하는 걸 뜻하지는 않았습니다.

자유란 어차피 쓸모없는 선물이었습니다. 적어도 이전의 삶의 조건이 완전히 무너진 지금의 프랑켄슈타인에게는 말입니다. 안 그래도 감옥에 갇혀 있는 동안 머리에서 발끝까지 복수의 화신이 돼 버린 참이었습니다.

'기어코 너를 잡으리라. 창조자의 권리로 네 목숨을 앗아 가리라.'

프랑켄슈타인은 영원히 제네바를 떠나기로 했습니다. 상속받은 재산을 처분하여 여비를 마련한 뒤 기약 없는 방랑을 시작했습니다. 괴물이 있을 법한 곳을 찾아 황무지를 지나고 호수와 강을 지나고 눈 쌓인 산맥을 넘었습니다.

절망 끝에 죽음을 생각한 적도 여러 번 있었습니다. 하지만 끝내 그럴 수는 없었습니다. 그것은 괴물의 손에, 아니 그보다 자신의 근본적 과오 때문에 목숨을 잃은 가여운 사람들에게 또다시 죄를 짓는 것이라는 생각이 들었기 때문입니다.

어느 날 밤, 프랑켄슈타인은 부모님과 엘리자베스, 윌리엄이 누워 있는 무덤가에 무릎을 꿇고 비장하게 외쳤습니다.

"맹세하노라! 내가 무릎 꿇은 이 성스러운 땅에, 내 곁을 방황하는 혼령들에게 그리고 나의 깊고 영원한 슬픔에!"

고요한 공동묘지에 프랑켄슈타인의 쉰 목소리가 처절하게 울려 퍼졌습니다. 바로 옆 나뭇가지에서 부엉이 한 마리가 놀란 듯 푸드덕 날아올랐습니다.

"나는 이 불행을 가져다준 악마를 쫓아가 목숨을 걸고 싸우겠노라! 밤이여, 밤의 혼령들이여, 이 맹세를 기억하라! 내가 그놈의 육체, 그놈의 영혼까지 갈기갈기 찢어 그대들에게 제물로 바칠 때까지!"

프랑켄슈타인은 품에서 단검을 꺼내 아버지 비석 앞에 놓았습니다.

그리고 다시 외쳤습니다.

"아버지! 저는 죽지 않겠습니다! 끝까지 살아 아버지의 원수를 갚겠습니다!"

그 모습은 어둠 속에서도 소름이 끼칠 만큼 섬뜩했고, 광기가 서려 있었습니다. 만약 다른 사람이 곁에서 보기라도 했다면 필시 정신 병원으로 끌고 가지 않았을까요?

한데 실제로 누군가 지켜보고 있었습니다. 놀랍게도 말입니다.

"잘했다, 가련한 인간아. 아주 잘했어."

괴물이었습니다.

"암, 끝까지 살아남아야지. 그래야 더 큰 고통을 맛보지."

프랑켄슈타인은 벌떡 일어나 소리가 난 쪽으로 달려갔습니다. 환한 달빛 아래 쏜살같이 달려가는 괴물의 모습이 보였습니다.

탕!

프랑켄슈타인은 총을 쏘며 쫓아갔습니다. 그러나 인간이 괴물의 달음박질을 이길 수는 없었습니다. 괴물은 순식간에 어둠 속으로 사라졌습니다.

"기다려라, 악마 놈아! 끝까지, 어디든 따라가 줄 테니!"

그렇게 프랑켄슈타인의 추격은 다시 시작되었습니다. 추격은 밤낮을 가리지 않았고, 계절을 따지지 않았으며, 국경에 막히지 않았습니다.

때로 괴물의 자취가 하나도 없어 길을 잃기도 했습니다. 하지만 그때마다 괴물은 적당한 곳에 단서를 남겨 놓았습니다. 어느 곳에서는 나무 껍질에 글을 남겨 놓기도 했습니다. 이를테면 이런 식이었습니다.

'힘내서 따라오라, 허약한 창조자여!'

또 어느 때인가는 좀 더 긴 글을 써 놓고 프랑켄슈타인의 분노를 자극했습니다.

'나의 복수는 아직 끝나지 않았다. 너는 살아 있고 내 능력은 완성되었다. 어서 오라, 나의 창조자, 나의 적이여! 우리는 각자의 삶을 위해 싸워야 한다. 그 순간이 올 때까지 네가 견뎌 내야 할 고된 시간은 아직도 많이 남아 있다. 따라오라, 인간의 미개한 정신은 결코 닿을 수 없는 태초의 순수한 세계로 안내하마.'

괴물은 북쪽으로, 북쪽으로 향했습니다. 프랑켄슈타인도 쉬지 않고 그를 따라갔습니다. 그렇게 두 존재가 알프스를 넘고 드넓은 러시아 평원과 험악한 빙하 지대를 지나 도착한 곳은 무한한 눈과 얼음의 세계였습니다.

그곳은 저 불행한 피조물과 그의 창조자가 각자의 세계를 구성할 수 있을 만큼 순결한 공간이었습니다. 유한한 존재의 삶과 죽음, 그리고 거기에서 비롯된 불안과 절망과 허무함을 넘어 영원과 안식을 꿈꾸기에 적합한 곳, 바로 북극이었습니다.

에필로그

"그러니까……."

플라톤 영감은 탁자 맞은편에 앉은 젊은이를 쏘아보며 처음으로 입을 열었습니다. 흐릿하면서도 여전히 번득임을 잃지 않은 그의 눈에는 의심이 담겨 있었습니다.

"선장이 프랑켄슈타인 박사를 만났다는 건가?"

플라톤 영감이 모처럼 반응을 보이자 젊은이의 얼굴에 갑자기 화색이 돌았습니다.

"네, 그렇습니다. 북극해의 얼어붙은 바다에서요."

"얼어붙은 북극해?"

젊은 선장의 이름은 로버트 월튼이었습니다. 불과 얼마 전까지 북극해를 탐험하는 배를 지휘했다고 했습니다.

"저도 처음에는 믿기지 않았습니다. 어떻게 그런 곳에 사람이 올 수 있었는지. 게다가……."

"게다가?"

월튼은 난감하다는 표정으로 시선을 살짝 돌리고, 한 손으로 말끔히 면도한 뺨을 위아래로 어루만졌습니다.

"믿으실지 모르겠는데, 이상한 생물체도 하나 있었습니다. 사람을 닮긴 했지만 사람은 아니었고, 놀랍게도 그 험악한 북극 날씨에도 끄떡없더군요. 썰매 끄는 개들만큼이나 펄펄 날아다녔으니까요."

"괴물이지. 이름 없는 괴물……."

플라톤 영감은 무심하게 중얼거렸습니다. 월튼의 이야기 따위는 전혀 놀랄 일이 아니라는 듯한 표정이었습니다.

"안 그래도 언젠가 그 괴물이 그런 말을 하긴 했습니다."

"무슨 말 말이오?"

"자기는 이름조차 없다고…… 그래서 어쩐지 자기는 존재해서는 안 될 존재같이 느껴지고, 심지어 존재하지 않는 것 같기도 하다고."

그 말에 플라톤 영감이 고개를 끄덕거렸습니다.

"어쩌면 누군가의 이름이라는 것은 그 사람의 육체만큼이나 현실적인 것인지도 모르지."

"네? 그게 무슨 말씀인가요?"

"혹시 그런 얘기 들어 봤나? 옛날 그리스 사람들은 말이야, 판자 같은 데다 적의 이름을 써 놓고 칼로 찌르거나 불에 태우면 그 적이 죽는다고 여기기도 했어."

"그럼 이름이 곧 그 사람이라고 생각했다는 건가요?"

"그런 셈이지. 그건 사람만이 아니라 모든 사물에 해당한다고 생각했는데, 이를테면 크라틸로스라는 자는 어떤 것의 이름을 알면 그것 자체를 알 수 있다고 했지. 요컨대 사물의 이름은 아무렇게나 지어진 게 아니라, 본래 그 사물에 속한 것, 다시 말해 자연적인 속성이라고 여겼던 거지."

"어렵군요."

월튼은 잘 모르겠다는 듯 머리를 긁적긁적했습니다.

"아무튼 그럼, 그 괴물도 그렇게 생각했던 걸까요?"

"그렇진 않을 걸세. 근대적 존재인 괴물이 그런

고대인들의 원시적인 관념에 동의했을 리는 없지."

"그렇다면……."

"흠……."

생각에 잠길 때면 늘 그러듯, 플라톤 영감은 턱수염을 쓸어내리며 창밖을 내다봤습니다. 만년설로 덮인 알프스 산봉우리들이 햇빛을 받아 반짝이고 있었습니다.

"아마도 이런 거겠지. 근대 사회의 정당한 일원으로서 인정받지 못한 존재의 슬픔 혹은 절망감. 사람의 이름이란 그런 게 아니겠나."

"그러고 보니 자기는 늘 혼자였다고, 인간 사회에서 쫓겨나 황야에서 짐승처럼 살았다고 한탄하기도 했습니다."

"한데 따지고 보면 지금 모든 인간이 그런 이름을 부여받고 있는 것도 아니지. 아직도 대부분의 사람들은 시민 혹은 개인 대접을 받지 못하고 있지 않은가 말이네."

"그런가요?"

월튼은 다시 머리를 긁적거렸습니다. 한 번도 접해 본 적 없는 생소한 생각에 골치가 아픈 게 틀림없었습니다.

"그나저나 두 사람은 거기서 뭘 하고 있었지?"

"그게 그러니까……."

그 무렵 월튼 선장이 이끌던 탐험선은 빙산에 갇혀 오도 가도 못 하고 있었습니다. 북극해로 열린 아르한겔스크 항구를 떠난 지 벌써 두 달이 되었을 때였습니다. 어느 날 주위를 뒤덮은 짙은 안개가 막 걷혔을 때 한 선원이 달려와 긴급 보고를 했습니다.

"선장님, 저기 좀 봐요. 이상한 게 있어요."

황급히 뱃전에 나가 살펴보니 광활한 얼음 평원에 검은 점 하나가 움직이고 있었습니다.

"저게 뭐지? 망원경 좀 줘 봐."

망원경을 통해 보이는 그것은 개썰매를 몰고 가는 사람의 모습이었습니다. 하지만 사람인지 확신할 수는 없었습니다. 사람이라기에는 몸집이 엄청나게 컸고, 희미하게나마 식별되는 겉모습은 거의 짐승 같았기 때문입니다.

"이럴 수가! 어떻게 북극해 한복판까지 혼자서 올 수가 있지?"

썰매는 눈 깜짝할 사이에 멀어져 가파른 빙산들 사이로 사라졌습니다. 배가 갇혀 있던 곳은 육지로부터 몇백 킬로미터는 떨어진 곳이었기 때문에, 모두들 스스로 보고도 자신의 눈을 의심할 수밖에 없었습니다.

더 놀라운 건 다음 날 아침에 벌어진 사건이었습니다.

"선장님, 사람이 떠내려 와요!"

자다 말고 일어나 갑판에 나가 보니 정말로 웬 남자가 뱃전에 다가와 있었습니다. 거대한 얼음 조각 위에 썰매와 함께 실려 있었는데, 지칠 대로 지친 모습을 보니 밤새 노를 저어 얼음 조각을 밀고 온 모양이었습니다.

"어서 구조하지 않고 뭣들 해?"

"선장님 그게…… 저 사람이 배에 오르기 전에 먼저 선장님과 얘기를 하고 싶답니다."

"뭐라고?"

어이가 없었습니다. 기껏 배로 다가와서는 구조를 거부하고 얘기부터 하고 싶다니.

"내가 선장이오! 무슨 얘기를 하고 싶은 거요?"

월튼은 뱃전 밖으로 고개를 내밀고 그 사람에게 말을 걸었습

니다. 어쨌든 죽을 위험에 놓인 사람을 그대로 놔둘 수는 없었으니까요. 그러자 그는 외국인 억양이 섞인 영어로 물었습니다.

"이 배의 행선지는 어디요?"

기가 막힐 노릇이었습니다. 이 얼어붙은 북극해에서 배를 만난 것만도 기적인데, 기껏 한다는 소리가 행선지가 어디라니요?

"우리는 북극을 탐사하고 북태평양으로 나갈 거요."

그러자 사내는 비로소 구조에 응했습니다.

갑판에 올라온 그의 몰골은 말이 아니었습니다. 팔다리는 거의 얼었고, 며칠을 굶주렸는지 얼굴은 물론이고 온몸이 바싹 야위었습니다. 그 처참한 모습으로 보건대 병이 들어도 단단히 든 게 분명했습니다.

혼자서 북극 지방까지 왜 왔느냐고 묻자 사내는 이렇게 말했습니다.

"달아난 나의 피조물을 찾기 위해서요."

정신마저 나간 걸까요? 사내는 헛소리를 해 댔습니다.

"당신의 피조물이라면 당신은 하느님인가요? 뭣 좀 드시고 좀 쉬십시오."

월튼 선장의 말에 사내는 발끈했습니다.

"내가 미쳤다고 생각하시오, 선장?"

"아닙니다. 다만 너무 지쳐서 대화가 제대로 안 될 듯합니다."

사내는 기운 없이 후후 웃고는 월튼에게 다시 물었습니다.

"혹시 나보다 앞서 썰매를 몰고 간 자를 보지 못했소?"

"어제 오후에 이상한 사람을 보긴 했습니다."

"어제 오후라고? 그럼 지금쯤이면 한참 멀리 갔겠군."

사내는 표정이 어두워지고 한층 침울해졌습니다.

"혹시 당신이 찾는다는 피조물이 그 사람인가요?"

"그렇소."

그 대답을 끝으로 사내는 말을 하지 못했습니다. 거의 실신할 지경으로 기운을 잃어버려서 이후 이틀 동안 꼼짝을 못했습니다.

"괴물과 프랑켄슈타인을 그렇게 만난 거로군."

"네."

플라톤 영감은 다시 수염을 쓰다듬었습니다. 그러고는 잠시 눈을 감았다 뜨더니 새삼 월튼의 얼굴과 옷차림을 훑어보았습니다.

"그런데 자넨 그런 곳에 왜 갔지? 스스로 돈까지

들여서 말야."

"말씀드렸지 않습니까. 북극해를 지나 북태평양으로 이어지는 항로를 개척하기 위해서라고."

"그러니까 왜 그런 일을 하고 싶었느냐는 거야."

"그건……."

월튼은 대답을 하려다가 갑자기 말꼬리를 흐렸습니다. 뭔가 부끄럽거나 마땅치 않은 게 있는 모양이었습니다.

"명예를 위해서?"

플라톤 영감이 기다리지 못하고 캐물었습니다.

"그렇다고 할 수 있을 겁니다. 어쨌거나 인류에게 큰 도움이 되는 일이 아닙니까. 제게는 큰 명예가 되고 말입니다."

"큰돈을 벌기 위해서는 아니고?"

"그럴 리가요."

"잘 생각해 보게. 자네가 개척한 그 항로가 무역에 유용하게 쓰인다면 틀림없이 큰돈을 벌 수 있을 거야. 아마도 자네가 그 탐험에 착수한 건 그 때문이 아닐까?"

"전 이 위험한 탐험이 순수하게 인류의 지식 증대에 큰 기여를 할 거라고 생각했습니다."

"물론 그렇긴 하지. 하지만 돈이 되는 사업인 것도 틀림없는 사실이야. 앎, 곧 지식이라는 것도 흔히 생각하는 것처럼 순수하기만 한 것은 아니고."

"그렇지만……."

당황한 젊은 선장을 보며 플라톤 영감은 허허 웃었습니다.

"부끄러워할 것까진 없네. 인류의 지식 증대, 문명의 발달과 전파는 어차피 그렇게 이루어지지 않았겠나."

"아무튼 저는……."

"아 됐고, 그래서 그 사내, 아니 프랑켄슈타인은 어찌 됐나?"

플라톤 영감이 월튼의 말을 끊고 대화를 본래의 화제로 되돌렸습니다.

"그분은 끝내 기운을 못 차리고 세상을 떠났습니다. 물론 그러기 전까지 제게 많은 얘기를 했죠. 자기가 겪은 처절한 비극을 포함해서요."

프랑켄슈타인은 최후까지 괴물을 용서하지 않았습니다. 그래서 월튼에게 이렇게 당부하기도 했지요.

"혹시 그 악마를 만나더라도 절대 그놈의 말을 믿지 말게. 그놈의 영혼은 생김새만큼 추악하고 배신과 지독한 적의로 가득 차 있으니. 부디 자네의 칼을 그놈 가슴 한복판에 꽂아 주게. 가련한 윌리엄과 저스틴, 앙리, 엘리자베스, 그리고 나의 아버지와 어머니를 위해. 그놈이 해치고 파괴할 인류와 인류의 문명을 지키기 위해."

또 이런 말도 했습니다.

"나는 지금까지 인류의 이성이 축적한 막대한 지식과 생산력을 좀 더 유용하게 쓰고 싶었다네. 그래서 겁 없이 생명 창조 작업에 착수했던 거지. 나는 새로운 종류의 인간, 그러니까 현실의 인간보다 더 유능하고 더 합리적이고 더 도덕적인 인간 존재를 창조하고 싶었어. 그렇게 좀 더 정의롭고 행복한 세상을 만들려고 했던 것이고. 물론 제대로 시도해 보기도 전에 이렇게 참담한 실패로 끝났지만."

프랑켄슈타인은 끝내 회복하지 못하고 배 위에서 삶을 마감했습니다. 그의 마지막 유언에는 괴물에 대한 미안함이 담겨 있었습니다.

"그놈의 여자 친구를 만들어 주지 않은 건 참으로 유감이야. 그렇게

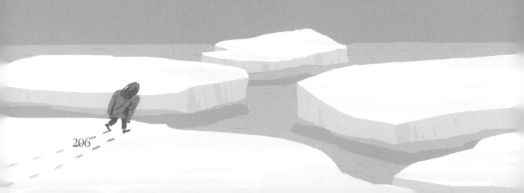

외로운 존재에게 함께 지낼 반려자가 얼마나 간절하고 소중한 존재였을지 우리는 미처 상상하지도 못할 거야. 하지만 내겐 나의 동료인 인간들에 대한 의무가 더 소중했어. 안타까운 일이지만 어쩔 수 없었지."

죽음을 맞기 직전, 그는 자신을 북극의 얼음 위에서 화장해 달라고 부탁했습니다. 그곳이 현세의 삶을 마감하고 영원의 세계를 영접하기에 좋을 것 같다면서.

"모든 걸 잊고 버리기에는 그만한 곳이 없긴 하지."

플라톤 영감은 고개를 두어 번 끄덕이고 혼잣말처럼 중얼거렸습니다. 그리고 다시 월튼을 바라보며 물었습니다.

"괴물은 다시 못 봤나?"

"봤습니다. 어떻게 알았는지 몰라도 그분이 숨을 거두고 불과 몇 시간 뒤에 배로 올라왔더군요."

"아마 계속 배 주위를 맴돌며 감시를 했을 거야."

괴물은 프랑켄슈타인이 눕혀 있던 선실에 들어와 있었습니다. 주검 앞에 주저앉은 채 고개를 숙이고 있는 그 거대하고 기괴한 실루엣을 보자마자, 월튼은 그것이 프랑켄슈타인이 말한 그의 피조물이자 악마임을 알 수 있었습니다.

"꺼져라, 악마야!"

월튼이 권총을 겨누고 소리치자, 괴물은 서서히 고개를 돌려 월튼을
노려봤습니다. 순간 월튼은 온몸이 얼어붙듯 굳은 채 꼼짝도 할 수 없
었습니다. 그것은 단지 괴물의 흉측한 모습 때문은 아니었습니다.

괴물의 얼굴은 슬픔과 절망, 고통 같은 감정으로 꽉 차 있었습니다.
어쩌면 울었는지도 몰랐습니다. 여전히 징그러운 누런 눈동자였지만,
핏발이 어지럽게 서 있는 데다 촉촉이 젖어 있기까지 했거든요.

괴물은 아무 말도 하지 않고 다시 죽은 창조자의 얼굴을 굽어보았습
니다. 월튼은 자기도 모르게 권총을 든 손을 내려놓고 말았습니다. 그
렇게 꽤나 오랫동안 한 사람과 한 괴물과 한 주검이 좁은 선실 안에 함
께 있었습니다.

"내게는 선이 악이고 악이 선이었소."

"……."

"무슨 말인지 알겠소?"

"모, 모르겠는데……."

괴물은 고개를 들어 월튼을 바라보았습니다.

"나의 도덕은 당신들의 도덕과 다르오. 적어도 그렇게 살도록 강요받았소 난. 인간들에 의해."

월튼은 문득 궁금해졌습니다. 도대체 이 괴물은 왜 여기에 왔을까. 그토록 파멸시키려고 한 원수의 주검 앞에서 왜 눈물을 흘렸을까.

"이 사람은 나의 창조자이자 원수였소. 그는 나를 괴물의 형상으로 만들어 세상에 던져 놓고 아무런 책임도 지지 않았소. 뒤늦게라도 자신의 불행한 피조물을 배려할 수 있었음에도 결국 그러지 않았소."

"그런데 왜……"

"왜 와서 이러느냐는 거요?"

괴물은 고개를 숙이고 킥킥 웃었습니다.

"그래, 이해 못 하겠지. 인간이 언제 이런 경험을 해 봤겠소."

"……"

"어쨌든 이 사람, 프랑켄슈타인 박사는 나의 아버지이고 창조자요. 그러니 생명을 받은 자식으로서, 피조물로서 영원히 이별하기 전에 얼굴은 한 번 봐야 할 거 아니오."

그 말은 조금 뜻밖이었습니다. 적어도 그건 악마의 도덕은 아닐 테니까요. 월튼의 얘기를 듣던 플라톤 영감도 적잖이 놀란 모양이었습니다.

"오호, 그랬단 말이지?"

"네, 그랬습니다."

"흠……."

플라톤 영감은 여지없이 턱수염을 어루만지기 시작했습니다.

"또 무슨 얘기를 하던가?"

"자기는 프랑켄슈타인과 싸울 수밖에 없었다고 하던데요?"

괴물은 그럴 수밖에 없었던 자기의 운명을 마지막으로 호소하고 싶은 듯했습니다.

"나는 짐승이 아니었지만 그렇다고 인간도 아니었소. 인간과 다른 존재, 다른 종으로 살아야 했소. 그러니 어찌 당신들 인간과 평화롭게 살수 있었겠소."

괴물의 얼굴에는 다시 분노의 기운이 서렸습니다.

"당신들이 믿는 신은 땅과 바다와 하늘에 온갖 동식물을 만들어 놓고 그것을 지배하고 먹이로 삼도록 인간에게 허락하지 않았소? 그러니 어

떻게 인간이 아닌 다른 존재가 당신들을 적대하지 않을 수 있겠소."

"하지만 당신은……."

"말했잖소. 나는 당신들에게 거부당하고 공동체에서 쫓겨나 괴물로 살아야 했다고. 그러니 나는 당신들 인간이 지배하고 먹이로 삼아야 할 존재에 불과한 거요."

"하지만 그게 꼭 인간만의 책임이오?"

"하하하."

괴물이 고개를 젖히고 웃어 댔습니다.

"생각해 보니 당신 말이 맞을 수도 있겠군. 그런 비극을 필연적 법칙으로 만들어 놓은 건 다름 아닌 이 세계의 창조자인 당신들의 신일 테니."

"하느님을 욕되게 하지 마시오. 그는 사랑의 신이오."

"그럴 테지. 당신들한테는. 하지만 내게는 아니오."

월튼은 문득 프랑켄슈타인의 말이 생각났습니다. 절대 괴물의 말을 믿지 마라, 그의 영혼은 그 생김새만큼 추악하며 지독한 적의로 가득 차 있다던 그 충고 말이죠.

월튼은 다시 권총을 들어 올렸습니다.

"더 이상 네 말을 듣지 않겠다. 당장 꺼져라, 악마야!"

괴물은 말없이 월튼을 쏘아보았습니다.

"그따위 총으로 날 죽일 수 있다고 생각하시오? 그러기 전에 당신의 몸은 갈기갈기 찢어질 텐데?"

괴물의 눈빛은 월튼의 모든 것을 꿰뚫어 버릴 듯이 날카로웠습니다. 월튼의 심장은 공포로 요동을 쳤고, 괴물은 어느새 광활한 얼음 벌판 위의 작은 점이 되어 있었습니다.

월튼의 이야기가 끝나자 플라톤 영감은 아련한 눈빛으로 창밖을 내다보았습니다. 어느 사이엔가 사방에서 어둠이 몰려오고 있었습니다.

"어쩌면 그를 괴물로 만든 건 인간들이었는지도 모르겠군."

"그게 무슨 말씀입니까?"

"그 괴물, 아니 그 존재는 흉측한 외모만 괴물이었을 뿐 영혼마저 그렇지는 않았어. 생각해 보게, 과학적 이성의 소유자 양반. 그의 이성 능력은 인간과 다를 바 없었고, 사유 방식도 우리와 같았어. 그런 그를 인간이 아니라고 할 수 있을까?"

"그렇지만."

"요즘에 난 로크의 경험론에 마음이 가. 그의 말처럼 인간의 정신은 본래 백지와 같은지도 몰라. 거기에 그려지는 것들은 살아가면서 하나 둘씩 거치는 경험이겠지."

"그렇다면 이데아는……."

플라톤 영감은 팔짱을 끼고 지그시 눈을 감았습니다.

"이제 슬슬 졸립군. 그동안 잠을 너무 못 잤어."

"선생님의 이데아론은 이제 포기하는 겁니까?"

"글쎄…… 자넨 인간의 이데아란 무엇이라고 생각하나?"

"저야 잘 모르죠."

"그런 건 아마 없을 거야. 그건 한 시대의 관념일 뿐이거든."

뜻밖의 충격적인 발언에 월튼은 멍해져서 플라톤 영감을 바라보았습니다.

"이봐, 젊은이. 그래서 도대체 인간은 무엇일까? 삶과 죽음은? 그 모든 것이 존재하고 이루어지는 이 세계는? 우리는 우리 의지와 관계없이 이 세계에 내던져졌어. 이 세계 또한 우리 의지와 상관없이 만들어

213

졌고."

"예?"

"이런 조건에서 인간은 어떻게 살아야 할까? 혹은 어떻게 사는 게 잘 사는 것일까? 정의를 추구해야 할까? 아니면 개인적 행복? 쾌락?"

"……."

"난 정답은 없다고 생각하네. 세계든 인간이든 우리가 만들어 가는 거야. 이성은 그럴 수 있는 아주 훌륭한 도구이고. 우리가 지금 여기에 이 모습으로 태어난 건 어쩔 수 없어. 하지만 오늘과 미래의 시간과 공간은 우리가 만들어 나갈 수 있어. 그렇게 할 수 있는 게 인간이고 그게 바로 인간만의 본질일 거야."

"예……."

월튼은 갑자기 홍수처럼 쏟아지는 플라톤 영감의 말에 어쩔 줄을 몰랐습니다.

"이데아 따위는 잊고 나는 그만 자야겠네. 이제 미네르바의 부엉이가 날아오를 때도 된 것 같으니. 잘 가게, 젊은이."

"예, 어르신도 안녕히."

"아 참, 우리 같이 프랑켄슈타인과 괴물의 명복이나 비세. 그리고 궁금했던 얘기 들려줘서 고맙네."

"천만에요. 저야말로 괴물의 이야기를 전할 수 있어서 다행입니다. 안녕히 주무십시오."

프랑켄슈타인 박사, 사랑만이 나를 자유롭게 할 것이오!

안광복

중동고 철학교사, 철학박사, 『열일곱 살의 인생론』 저자

이 미터 오십 센티미터의 큰 키, 도마뱀 같은 눈에 꿰맨 자국이 여기 저기 있는 푸르죽죽한 피부, 짐승의 울음이 떠오르는 목소리에 날렵한 몸동작……

유명한 괴물 '프랑켄슈타인'의 모습입니다. 메리 셸리(Mary Shelly, 1797~1851)가 1818년 『프랑켄슈타인-현대의 프로메테우스』라는 책을 펴낸 후, 이 괴물은 엄청난 '사랑(?)'을 받아 왔습니다. 프랑켄슈타인은 이백 년 가까운 세월 동안 백삼십 번이 넘게 영화나 소설의 주인공으로 등장했었다고 해요.

하지만 원래 프랑켄슈타인은 괴물의 이름이 아니었습니다. 괴물을 만든 사람이 '프랑켄슈타인 박사'였지요. 하지만 시간이 흐르면서 프랑켄슈타인은 괴물의 명칭으로 굳어졌습니다.

　괴물의 체구가 어마어마한 이유는 사람들을 해치기 위해서가 아니었습니다. 메리 셸리의 소설에 따르면, 프랑켄슈타인 박사는 죽은 사람들의 뇌와 뼈, 죽은 짐승의 근육과 피부 등을 엮어서 괴물을 만들었다고 해요. 체구가 작으면 피부와 내장을 이어 붙일 때 실수를 하기가 쉽습니다. 그래서 박사는 작업을 쉽게 하기 위해 괴물의 몸집을 크게 만들었을 뿐입니다.

　게다가 괴물은 무척 착하고 온순했습니다. 원래 소설에서 괴물은 '채식주의자'였어요. 사람들에게 피해를 주지 않으려고 숲 속에서 홀로 도토리와 과일, 나무뿌리를 먹고 살아갔답니다. 교양도 무척 풍부했습니다. 누가 가르쳐 주지 않았는데도, 혼자 공부하여 말과 글씨를 익혔다고 해요. 밀턴의 『실낙원』, 플루타르코스의 『영웅전』, 괴테의 『젊은 베르테르의 슬픔』 등은 괴물이 감명 깊게 읽은 책입니다. 이쯤 되면 괴물이 꽤 괜찮은 친구라는 생각도 듭니다.

하지만 괴물은 점점 성격이 삐뚤어지며 잔인하게 바뀌어 갑니다. 왜 그랬을까요? 괴물의 말을 직접 들어 보세요.

"내가 외롭게 사랑 없이 살아야 한다면 난 좌절과 증오와 악의에서 헤어나지 못할 것이오. 하지만 다른 이로부터 사랑을 받는다면 그 모든 것에서 자유로워질 것이오. 나의 거친 행위가 고독을 강요받은 결과였던 만큼, 내가 나와 동등한 존재와 어울려 산다면 다시 그런 짓을 할 일은 영원히 없지 않겠소?" (159쪽)

배고프고 힘들면 누구나 까탈스러워집니다. 별거 아닌 일에도 화를 버럭 내고 소리를 고래고래 지르기도 하지요. 괴물도 다르지 않았어요. 괴물은 사람들을 좋아했습니다. 가난한 가족을 도우려 나무를 해다 주고 음식도 마련해 줄 만큼 친절했어요. 그러나 사람들은 괴물을 보고 기겁했습니다. 돌을 던지고 욕을 퍼부으며 쫓아냈지요. 살가운 속마음은 보지 못한 채 추한 겉모습만 보고 지레 겁먹은 것입니다.

상처받은 괴물은 말 그대로 '괴물'로 바뀌어 갑니다. 강렬한 증오는 절절한 사랑에서 나오곤 해요. 정말 좋아하는 친구가 나에게 쌀쌀맞게 대한다 해 보세요. 그 아이가 죽이고 싶을 만큼 원망스럽지 않을까요? 괴물의 심정도 그랬을 거예요.

『프랑켄슈타인과 철학 좀 하는 괴물』은 메리 셸리의 원작 소설에 더하여 철학자 플라톤을 끌어들입니다. 플라톤은 곳곳에 등장하며 사람들의 삐뚤어진 생각을 짚어 줍니다.

> "인간은 신도 아니고 그렇다고 짐승도 아니오. 그저 인간일 뿐…… 그런 인간이란 존재의 본질이 뭐겠소?…… 바로 이성일 거요. 생각하는 능력 또는 성질…… 이성이야말로 동식물에게는 없는 인간만의 특징이오. 그리고 그건 인간이 영혼을 가진 존재여서 그런 것이오. 영혼을 가졌다는 것은……." (59~60쪽)

괴물은 인간일까요, 아닐까요? 괴물은 이성적으로 생각할 줄 알았습니다. 영혼을 지녔기에 따뜻하고 살가운 관계를 바랐겠지요. 그러나 그를 만든 프랑켄슈타인 박사는 괴물을 차갑게 밀쳐 냅니다. 그 밖의 사람들은 더 말할 나위도 없습니다.

버림받은 사람은 '복수'를 꿈꾸기 마련입니다. 사랑받지 못해 자신이 얼마나 아팠는지를 상대도 똑같이 느끼게 하려는 것이지요. 괴물은 말합니다.

> "나는 총이 아니라 절망으로 그를 죽일 것이오." (179쪽)

괴물은 프랑켄슈타인 박사가 소중하게 여기는 사람들을 하나씩 죽입니다. 그럴수록 박사는 증오에 차 미쳐 날뜁니다. 괴물을 갈가리 찢어 죽이고 싶을 만큼 분노에 치를 떱니다. 복수를 할수록 괴물은 행복해졌을까요? 괴물을 없애고 나면 프랑켄슈타인 박사의 마음은 과연 편안해질까요?

> "나는 자네가 이성으로 문제를 해결하여 죽음의 공포에서 벗어나길 바라네." (179쪽)

플라톤이 조용히 건네는 충고입니다. 배고파서 난 짜증은 밥을 먹어야 풀립니다. 사랑받지 못해 헛헛한 마음은 따뜻한 눈빛과 배려를 받을 때 편안해집니다. 왜 툴툴거리냐고, 징징거리지 말라고 윽박지른다 해서 상대의 불편한 마음이 가라앉을 리 없습니다. 괴물에게도, 프랑켄슈타인 박사에게도 필요한 것은 '사랑'이었지 '복수'가 아니었습니다.

프랑켄슈타인 박사는 괴물을 뒤쫓다 마침내 죽음에 이릅니다. 괴물은 죽은 박사를 보며 눈시울을 적십니다. 박사는 처음부터 괴물을 만들려 했던 것은 아니었습니다. "새로운 종류의 인간, 그러니까 현실의 인간보다 더 유능하고 더 합리적이고 더 도덕적인 인간"(206쪽)을 만들고 싶었을 뿐입니다.

그가 만든 '괴물'은 유능하고 합리적이고 도덕적이었습니다. 그를 흉측하고 잔인한 괴물로 대한 사람은 프랑켄슈타인 박사 자신이었습니다. 인간은 원래 착하지도 악하지도 않습니다. 어떻게 대접받고 어떻게 살아갔는지에 따라 영혼은 좋게도 나쁘게도 바뀔 수 있지요. 마지막으로 플라톤의 말을 들어 볼까요?

"요즘에 난 로크의 경험론에 마음이 가. 그의 말처럼 인간의 정신은 본래 백지와 같은지도 몰라. 거기에 그려지는 것들은 살아가면서 하나둘씩 거치는 경험이겠지." (213쪽)

혹시 주변에 '괴물' 같은 사람은 없나요? 그 사람을 올곧게 만들고 싶다면 나는 어떻게 해야 할까요? 『프랑켄슈타인과 철학 좀 하는 괴물』의 지은이 고(故) 문명식 선생님은 메리 셸리의 원작 소설보다 훨씬 깊은 물음을 우리에게 던집니다. 책 속에는 플라톤의 이데아론, 데카르트와 로크의 철학, 프랑스 대혁명과 평등사상 등 깊숙한 이야기들도 담겨 있습니다. 이 부분을 읽다가 조금 힘들어지는 친구들도 있을지 모르겠어요.

그럴 때는 일단 그 부분을 건너뛰고 먼저 책 전체를 끝까지 읽어 보세요. 문 선생님이 펼치는 프랑켄슈타인 박사와 괴물의 이야기는 손에 땀을 쥐게 할 만큼 재미있습니다. 그러면서도 읽는 내내 물음이 꼬리에 꼬리를 물고 일어날 거예요.

"꼭 박사가 괴물을 이렇게 대해야만 했을까?"

"왜 괴물은 자신에 대한 박사의 오해를 풀려 노력하지 않을까?"

하나하나가 의미 있는 철학 물음들입니다. 이런 의문을 마음에 간직한 채 책 곳곳에 담긴 철학 내용들을 다시 훑어보세요. 문명식 선생님은 깊이 있는 지식을 알기 쉬운 지혜로 풀어내는 능력이 탁월한 분입니다. 아무쪼록 『프랑켄슈타인과 철학 좀 하는 괴물』과 함께 여러분의 영혼이 한 뼘 높게 자라나길 기원합니다.

나무클래식 01

프랑켄슈타인과 철학 좀 하는 괴물

초판 1쇄 발행 2014년 9월 25일
초판 10쇄 발행 2023년 5월 30일

지은이 문명식 **그린이** 원혜진
펴낸이 이수미 **기획** 이미혜 **편집** 전소현
표지디자인 정은경**디자인 본문디자인** 하늘·민 **마케팅** 김영란, 임수진

종이 세종페이퍼 **인쇄** 두성피앤엘 **유통** 신영북스

펴낸곳 나무를 심는 사람들
출판신고 2013년 1월 7일 제 2013-000004호
주소 서울시 용산구 서빙고로 35, 103동 804호
전화 02-3141-2233 **팩스** 02-3141-2257
이메일 nasimsabooks@naver.com
블로그 blog.naver.com/nasimsabooks
인스타그램 instagram.com/nasimsabook

ⓒ 박찬연, 2014
ISBN 979-11-950305-8-3 44100
      979-11-950305-7-6(세트)